O MAPA DA INDEPENDÊNCIA FINANCEIRA

7 PRINCÍPIOS PARA UMA VIDA MAIS PRÓSPERA

PAULO DE VILHENA

Título original: *O Mapa da Independência Financeira*
7 princípios para uma vida mais próspera

Autor: Paulo de Vilhena

Edição: Sabedoria Alternativa
— projetos de consultoria à medida na área da edição

Para saber mais: www.sabedoriaalternativa.pt
sabedoriaalternativa@gmail.com
Maio de 2018

Foto da capa: Vítor Machado

Revisão: Joana Ambulate

***Design* da capa e paginação:** João Valado

ISBN: 978-989-54045-2-0

sabedoria alternativa
produções

***Website* do autor:**
Para mais informações e para obter mais exemplares deste livro por favor
contactar: www.paulodevilhena.com

Índice

Prefácio

Há muitos anos que este livro constituía um projeto na minha vida.

Considerava que o momento adequado para o fazer surgir seria mais tarde. Todavia, dada a conjuntura económica atual do país e do mundo, entendi que era urgente partilhar algumas ideias e princípios que, estou certo, permitirão a todos criar a sua própria independência económica.

Assim surgiu *O Mapa da Independência Financeira*, resultado de um sonho antigo e para responder à pressão da conjuntura que vivemos, no sentido de ajudar o maior número possível de pessoas a não se deixar abater por alguma tensão paralisadora.

Acredito sinceramente que o que faz a diferença na nossa vida financeira, e não só, não é aquilo que acontece, o que se passa no exterior, mas sim o que nós decidimos fazer sobre isso.

> Não penso que olhar para o universo político e económico e para o sistema fiscal que nos rodeiam e ficar à espera que as coisas mudem seja a melhor estratégia para gerir a nossa vida e fazer a diferença nos nossos resultados financeiros.

Segundo os princípios em que acredito, e que defendo neste livro, o que faz a diferença são as nossas ideias, a nossa filosofia relativamente ao dinheiro e, além disso, os nossos conhecimentos dos mecanismos financeiros.

Falar de mecanismos financeiros não significa que cada um de nós tenha de se tornar um especialista em finanças ou um técnico financeiro para gerir melhor as suas poupanças. Aliás, julgo que isso muitas vezes poderá até atrapalhar, pois o rebuscamento do pensamento académico pode frequentemente tornar as coisas tão complexas que acabam por ser difíceis de aplicar. Por isso, muito do que ensino neste livro contraria aquilo que se estuda nas universidades, mas tem provado servir a todos os que o têm aplicado ao longo do tempo.

Acredito que qualquer pessoa pode aprender as regras básicas da gestão do dinheiro, ou seja, podemos aprender facilmente a dominar os princípios fundamentais que conduzem à independência financeira.

Procurar adquirir estas competências é a forma de conseguir alcançar uma vida material muito acima da média e atingir os nossos objetivos.

> É essencial conhecermos as nossas metas financeiras, uma vez que estas não têm de se identificar necessariamente com riqueza, com tesouros ou fortunas milionárias.

Os nossos desejos relativamente às finanças podem ser mais modestos e este livro representar uma ferramenta útil. Isto porque as regras são as mesmas, sejam os nossos objetivos mais ou menos ambiciosos.

O Mapa da Independência Financeira baseia-se na minha própria história de vida e tem origem, inicialmente, nas experiências de negócios que vivi quando trabalhei na banca, na área de gestão de fortunas. A realidade é que, olhando para trás, percebo que, naquela altura, apesar de trabalhar com pessoas milionárias, eu não tinha as ideias certas sobre dinheiro. Provavelmente, em grande parte, isso devia-se à forma como tinha sido educado a ver o dinheiro e aos valores segundo os quais fui criado.

Julgo que a maior parte das pessoas da minha geração foi educada de forma semelhante. No que me diz respeito, os meus pais aconselhavam-me "a portar-me bem", a seguir as regras da sociedade, a estudar, a tirar boas notas e a fazer um curso, para conseguir um emprego seguro. Hoje em dia, esta visão das coisas estilhaça-se a cada momento diante dos nossos olhos e já quase ninguém pode contar com um ordenado fixo e uma reforma certa. Aquilo que tínhamos como segurança inabalável é posto em causa.

Se há algo que hoje não é seguro é que haja uma instituição que nos garanta um salário estável e uma reforma correspondente. O facto de ter deixado de existir este conceito tradicional de segurança leva muitos a sentirem-se ansiosos face ao futuro. Isso não significa, no entanto, que a segurança não possa existir.

> O meu conceito de segurança consiste em sermos tão bons no nosso trabalho que existe sempre alguém que pague por ele. Se através do nosso trabalho levarmos valor aos outros, teremos sempre um lugar assegurado.

Na verdade, a minha vocação nunca foi seguir o percurso esperado de tirar uma licenciatura e "arranjar um emprego seguro". A sedução encontrava-se no empreendedorismo. No entanto, o que aconteceu foi que, ao terminar a minha licenciatura, acabei por me deixar condicionar pelos que me rodeavam, enviei currículos e fui recrutado por um banco.

Assim, iniciei uma carreira bancária que se prolongou por cerca de 10 anos. Esta experiência permitiu-me ensinamentos muito estruturantes para a minha vida, principalmente porque trabalhei na banca de gestão de patrimónios.

Os meus clientes eram multimilionários e, à medida que fui progredindo na carreira, mais tempo passava com este tipo de pessoas. Esta experiência permitiu-me reorganizar o meu pensamento de uma forma diferente e, por volta dos 30 anos, comecei a colocar questões essenciais relacionadas com o dinheiro, nomeadamente, porque é que estas pessoas eram tão ricas e eu não?

A verdade é que a minha carreira tinha sido de ascensão permanente. Estava, nesse momento, no Luxemburgo, num dos maiores bancos do mundo, com a responsabilidade do mercado ibérico. Ganhava um salário principesco, um carro e uma casa fantásticos e um cartão de crédito com um limite bastante significativo. Contudo, não me sentia completo.

> Por um lado, porque sentia que aquele não era o meu caminho e, por outro, porque comecei a perceber que, quanto mais ganhava, mais gastava.

Mais à frente neste livro, perceberemos as leis que nos revelam que, por muito que ganhemos, rapidamente nos habituamos a gastar em consonância. Os aumentos correspondem a melhores carros, a casas maiores, a férias mais frequentes e em melhores hotéis, a jantares em restaurantes mais sofisticados, com vinhos mais caros, etc. Ou seja, o nosso estilo de vida vai-se ajustando àquilo que ganhamos e quanto mais ganhamos, mais gastamos. Descobri isto à minha custa e foi uma atitude que aprendi a ultrapassar por mim mesmo.

Reconheço, hoje, o quanto é difícil ultrapassar essa atitude e por isso me sinto com alguma legitimidade para partilhar com os outros os meus conhecimentos sobre finanças pessoais. Nas reflexões sobre porque é que os meus clientes eram milionários e eu não, fui confrontado com varias hipóteses.

Será que já teriam nascido ricos? Ao observar com alguma atenção, concluía que a maior parte não tinha recebido heranças. Para corroborar esta situação, que verifiquei pessoalmente, basta analisar a lista das maiores fortunas do mundo.

Facilmente comprovaremos que mais de 80% das maiores fortunas existentes são fortunas de primeira geração. Outra hipótese que coloquei foi que talvez estas pessoas tivessem nascido com características físicas invulgares, como acontece com os grandes jogadores de futebol, que podem ganhar milhões, ou os grandes cantores. Talvez possuíssem características físicas especiais que lhes permitiram, facilmente, criar riqueza. No entanto, também reconheci que não era essa a situação. Alguns até eram pessoas fisicamente muito débeis.

Será que teriam estudado mais do que eu?, continuei a indagar. Ou teriam uma inteligência claramente superior à minha? E o que pude observar foi que eu tinha mais estudos do que a maioria e, do ponto de vista técnico, era eu quem, teoricamente, mais saberia, uma vez que me estavam a pagar para ser eu a gerir o seu património. Além disso, em termos de inteligência, pareciam-me "pessoas normais".

Investigando as suas histórias, comecei a perceber que a grande diferença entre as pessoas que possuíam grandes fortunas e as restantes era a sua maneira de pensar.

Todos aqueles que conheci com riqueza significativa pensavam e agiam de uma forma idêntica em relação ao dinheiro. Intuitivamente, pareciam dominar uma meia dúzia de princípios que faziam toda a diferença, não só na criação de riqueza, mas sobretudo na conservação e multiplicação do dinheiro. Era como se jogassem o jogo com regras diferentes...

São estes princípios (estas regras) que me proponho partilhar neste livro.

Introdução

O Mapa da Independência Financeira ensina-o a criar riqueza. Fornece-lhe o guião mental que lhe permitirá viver de acordo com os seus sonhos. Em primeiro lugar, possibilita-lhe reconhecer as suas ideias sobre dinheiro e os preconceitos que lhe dificultam caminhar na direção da abundância. Além disso, vai ajudá-lo a estabelecer objetivos financeiros e a conhecer o caminho que tem de percorrer para os atingir.

No entanto, apesar do respeito que sinto pelo papel do dinheiro nas nossas vidas, *O Mapa da Independência Financeira* é muito mais do que um livro sobre dinheiro ou sobre a acumulação de bens materiais. É, antes de tudo, um livro que mergulha as suas raízes em valores sobre os quais me tenho debruçado ao longo da minha vida, valores humanos e ecológicos.

Um dos fatores que me levou a escrever este livro foi a convicção de que a independência financeira oferece a cada um de nós a possibilidade de sermos felizes.

Podemos ser felizes com 1000 euros mensais ou com um milhão. Compete a cada um de nós definir o nível de vida que nos faz felizes, os valores que estabelecemos como inegociáveis e a quantia de dinheiro necessária para podermos experienciar esse estilo de vida e proteger esses valores.

O dinheiro não traz a felicidade, segundo o pensamento mais generalizado. Concordo com a afirmação, mas não no sentido em que é normalmente interpretada.

Isto porque é o dinheiro, ou os seus equivalentes materiais, que nos permite, desde os tempos da civilização babilónica, proteger o estilo de vida que gostaríamos de ter e de proporcionar àqueles que amamos. E esta é uma condição necessária (ainda que não suficiente) para sermos felizes.

> Outra das minhas convicções relativamente ao dinheiro é que nós temos mais dinheiro quanto mais valor levarmos aos outros.

Há leis universais para o sucesso, como as leis da física, e o ser humano nunca poderá ser bem-sucedido em confronto com esses princípios. Só respeitando e seguindo naturalmente o curso dessas leis é possível progredir no universo. Basta, para tal, pensarmos na lei da gravidade. Quer a conheçamos quer não, os corpos caem em aceleração constante. Se a dominarmos, podemos fazer voar um avião, em alinhamento com essa lei, mas não a desrespeitando. Esta é uma ideia-chave que se me afigurou incontornável.

> **CHAVE DE OURO**
> Aquilo que distingue as pessoas ricas dos demais
> é dominarem algumas leis que lhes permitem conservar
> e multiplicar o dinheiro.

Tal como nas restantes dimensões do real, também o dinheiro tem os seus preceitos, que, quando dominados, nos conduzem à sua multiplicação e, se contrariados, impedem o nosso progresso, por mais que façamos. *O Mapa da Independência Financeira* foca-se no domínio destes princípios ou estratégias que, sendo respeitados, nos permitem atingir todos os nossos objetivos financeiros.

Como foi explicado, os nossos propósitos financeiros poderão ser muito diferenciados. Podem circunscrever-se a 1000 euros mensais, mas também podem ser de 10 mil euros ou de 100 mil euros mensais ou ainda de 1 milhão de euros mensais ou mais. Todavia, os princípios são sempre os mesmos. Compete-nos a nós decidir a que nível pretendemos jogar este jogo.

O domínio destes princípios pode ser comparado às competências na cozinha, que se nos afiguram excecionais e podem aprender-se e repetir-se, mesmo não entendendo nada de culinária num primeiro momento. Necessitamos de seguir os segredos de uma receita que consideramos excelente. Não se trata apenas de agarrar num conjunto de ingredientes, despejá-los dentro de um recipiente, ligar o lume e esperar que resulte. Antes de mais, há que escolher os ingredientes certos; depois, aprender a manipulá-los de forma adequada, como faria um cozinheiro excecional, com o tratamento correto e na ordem aconselhada, para que o prato saia perfeito. Isto é, temos de seguir rigorosamente uma boa receita. Assim, todas as vezes que repetirmos com rigor este processo e seguirmos a receita, o prato sairá perfeito. Se o prato não sair bem, é porque houve qualquer princípio básico da receita que não foi seguido.

Nas questões financeiras, o processo é exatamente o mesmo. Há uma receita que devemos seguir se desejamos ter sucesso financeiro. *O Mapa da Independência Financeira* trata desta receita.

Alguns multimilionários poderão surpreender-se quando lhes pedem a receita para enriquecer e responder o mais honestamente possível: "Não sei!" Tal como se perguntarmos a uma avozinha que faz um prato delicioso, por exemplo, o borrego especial da Páscoa, qual é a receita, ela poderá responder: "Não sei. Eu vou pondo os ingredientes na panela. A minha mãe fazia assim e eu aprendi com ela, mas não é nada de especial. Sai como sair. Não há receita."

No entanto, se lhe dermos o borrego, os dentes de alho… a avozinha agarra neles com a segurança de quem domina o assunto e o prato sai perfeito. Isto porque o procedimento foi treinado inconscientemente durante décadas. O mesmo acontece com algumas pessoas que tiveram um grande sucesso financeiro. Não sabem enunciar a receita, mas quando as vemos trabalhar, percebemos que seguem alguns princípios da mesma forma, com o mesmo rigor e com os mesmos resultados.

A verdade é que muitos deles seguem esta receita intuitivamente.

Em distintas áreas da minha vida, pude reconhecer este fenómeno. Há padrões comportamentais, ou seja, um sistema, que conduzem as pessoas ao sucesso, seja a constituição de um negócio, nas relações interpessoais ou a fazer fortuna.

O que fazemos com o dinheiro

Entre os sete princípios de *O Mapa da Independência Financeira*, devemos ter em conta que o que é decisivo na criação da independência financeira não é quanto se ganha. O essencial é o que fazemos com o que se ganha.

Além disso, a nossa filosofia em relação ao dinheiro é algo determinante no processo de progredir financeiramente. Há gestos e atitudes muito simples e pouco exigentes na nossa organização de vida que nos podem trazer muito dinheiro. Ou seja, há práticas que se forem repetidas diariamente e de forma disciplinada podem trazer-nos uma reforma milionária.

> **CHAVE DE OURO**
> O fator mais decisivo não é quanto se ganha,
> mas o que fazemos com esse dinheiro.

Um dos aspetos essenciais, que irá fazer a diferença no nosso futuro financeiro, é a maneira como encaramos e avaliamos o dinheiro.

Fig. 1: **O icebergue da identidade.**

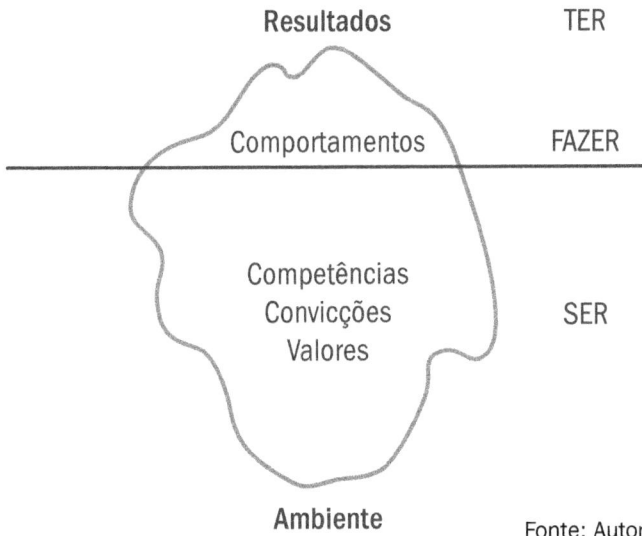

Resultados   TER

Comportamentos   FAZER

Competências
Convicções
Valores   SER

Ambiente   Fonte: Autor.

> Todos procuramos resultados na vida e, no presente caso, resultados financeiros. O que nos conduz aos resultados é aquilo que realizamos todos os dias de forma consistente, ou seja, o que fazemos.

Se tivermos em conta o icebergue apresentado na Figura 1, veremos que o que motiva e condiciona o nosso comportamento é o que fica abaixo da linha da água. O que está abaixo dessa linha, e que forma a nossa identidade, são as nossas competências, as nossas convicções (sentimentos de certeza) e os nossos valores.

Estes são o que orienta as nossas vidas, permitindo-nos ajuizar o que está certo e o que está errado, o que significa dor e o que significa prazer. Ora, se não alterarmos as nossas competências e, ainda mais, as nossas convicções relativamente ao dinheiro, dificilmente conseguiremos atingir a independência financeira. Se acreditarmos que é quanto ganhamos que vai fazer a diferença, será problemático atingir a independência financeira porque podemos ganhar muito e nunca a conseguir atingir.

Da mesma forma, se continuarmos a ter a convicção de que o dinheiro e o esforço têm correlação direta, nunca iremos conseguir ter muito dinheiro. Para ultrapassar esta ideia feita, devemos pensar nas pessoas mais ricas do mundo e veremos que, em termos de esforço diário, de trabalho efetivo, executivo, não produzem tanto quanto outros que não possuem qualquer riqueza.

Também os nossos valores e a forma como julgamos o dinheiro e quem o detém são determinantes na construção da riqueza. Muitos de nós fomos educados a atribuir um valor negativo à fortuna. O dinheiro pode ser visto como algo "sujo" e aqueles que o possuem podem ser percecionados como pessoas capazes de passar por cima dos outros para conseguirem atingir os seus objetivos. Ora, estes valores, que são estruturantes na nossa vida, são responsáveis pelas convicções de que quem tem muito dinheiro o conseguiu à custa dos outros.

Este preconceito é bíblico se recordarmos a célebre afirmação do Evangelho segundo São Mateus: "É mais fácil passar um camelo pelo fundo de uma agulha do que entrar um rico no reino de Deus." (Mateus 19:24)

Baseados nestes ensinamentos hipnotizantes e depositados no nosso inconsciente desde a mais tenra idade, muitas pessoas preferem ir para o céu do que ganhar dinheiro, associando sempre o dinheiro a experiências negativas.

A tarefa de desconstrução destas convicções não é fácil. Será mais produtivo se, gradualmente, procurarmos substituí-las por outras mais positivas, tais como a ideia de que quanto mais dinheiro tivermos em nossa posse, em melhor condição estaremos de ajudar as outras pessoas a alcançar os seus objetivos. Só interiorizando convicções deste tipo seremos capazes de desbloquear alguns preconceitos que possuímos relativamente ao dinheiro e que nos impedem a construção de uma independência financeira.

Observemos, uma vez mais, o esquema do icebergue (Figura 1): o que condiciona a nossa forma de pensar é o ambiente e este é resultado, em grande parte, das pessoas que estão à nossa volta. O modo de pensar daqueles que nos rodeiam sobre o dinheiro é altamente decisivo para a configuração da nossa própria forma de pensar.

Há estudos extremamente reveladores neste campo, segundo os quais o nosso nível financeiro corresponde à média das cinco pessoas com quem passamos mais tempo (evidentemente, poderá haver exceções, mas esta é a regra.) Os nossos objetivos são estabelecidos do exterior para o interior, do ambiente que nos rodeia para o nosso íntimo.

Daí o filósofo Ortega y Gasset afirmar que nunca estamos sós: "Sou sempre eu e a minha circunstância!" Segundo estes estudos, se olharmos à nossa volta, o nosso salário ou o nosso rendimento estará em linha com o das cinco pessoas que nos rodeiam. Também o carro que conduzimos, a casa em que vivemos e as férias que gozamos estarão ao mesmo nível das pessoas com quem nos relacionamos mais. Isso significa que se passarmos mais tempo com pessoas que tenham uma forma de pensar mais positiva relativamente ao dinheiro, a probabilidade de desenvolvermos também esse modo de pensar é grande.

O ambiente influencia a nossa relação com o dinheiro.

Outro aspeto relevante, além dos nossos valores, é a forma como gastamos o nosso tempo livre. Um dos maiores especialistas mundiais de *performance* humana, Denis Waitley, afirmou que o nosso nível de sucesso está diretamente relacionado com o que fazemos em *prime time*, ou seja, na hora da novela. As novelas não nos ensinam nada sobre criação de riqueza, efetivamente.

Em síntese, sem alterarmos a nossa forma de pensar, não iremos mudar o nosso modo de agir, e se não tivermos comportamentos diferentes, não vamos obter resultados distintos daqueles que sempre obtivemos. Aliás, em momentos menos favoráveis, fazer o que sempre fizemos nem sequer é suficiente para alcançar os mesmos resultados, que ficarão muito aquém dos do passado.

A nossa forma de pensar afeta muito mais os resultados que obtemos do que o que se passa lá fora, como, por exemplo, as crises económicas ou os comportamentos dos políticos, que tanto nos preocupam.

Não há ninguém que tenha vivido em tempos particularmente bons, ao abrigo de maus ventos. Há sempre momentos, em cada geração, em que parece que os ventos estão contra nós. Neste caso, podemos aprender com a História de Portugal, na altura justamente da expansão económica do país. Quando os portugueses iniciaram as suas viagens, as velas das embarcações eram quadradas e só permitiam que se deslocassem na direção em que soprava o vento. Se os ventos não fossem favoráveis, baixavam-se as velas.

Todo o sucesso do empreendimento encontrava-se "ao sabor do vento". Até que, inteligentemente, se decidiu procurar uma forma de navegar contra o vento. Foi o que aconteceu quando foram inventadas as velas triangulares. Desde essa altura, mesmo que o vento fosse desfavorável, podia continuar-se a navegar e, surpreendentemente, ainda de forma mais rápida.

Ora, isto é justamente o que se passa na economia. Não é o soprar do vento, mas sim o armar da vela, que faz a diferença no progresso do nosso empreendimento.

> Mudar a maneira de pensar em relação ao dinheiro permite alterar o nosso comportamento e conduzir a resultados diferentes.

É por não possuírem um tipo de pensamento que sustente a sua riqueza que muitos dos que ficam ricos por um golpe de sorte acabam por perder todo o dinheiro. Resumindo, nada do que for obtido sem ser acompanhado pelo nosso desenvolvimento pessoal será facilmente conservado. Daí a necessidade de compreendermos os princípios básicos do progresso financeiro, porque não desejamos ser pontualmente ricos, mas sim consistentemente ricos.

Uma velhice tranquila

A Segurança Social é insustentável no universo atual.

Foi feito um estudo nos países desenvolvidos e concluiu-se que quando chega a idade da reforma: 45% das pessoas passam a depender de familiares para os sustentar; 30% dependem ou da Segurança Social ou de instituições de caridade; 23% continuam a ter de trabalhar depois da idade da reforma; e apenas os restantes 2% conseguem subsistir por si mesmos (sendo que 1% são pessoas com capacidade para se sustentar até ao fim dos seus dias e somente 1% consegue sustentar-se sem perder património).

Hoje em dia, dadas as alterações nas taxas de natalidade, a probabilidade de não virmos a ter uma reforma, apesar de todos os descontos que fizemos, é muito elevada. O fenómeno é extremamente simples de compreender, uma vez que a idade da reforma (de 65 anos) foi estabelecida por Bismarck, na Alemanha, numa altura em que a esperança média de vida era de 45 anos. A ideia de estabelecer os 65 anos como idade para a reforma era pacífica, pois seriam poucos os que atingiriam este benefício. A percentagem de pagamentos era tão pequena que a Segurança Social teria sempre recursos em excesso.

A pirâmide etária dos países tinha uma configuração idêntica à que vemos na imagem abaixo, relativa a Portugal, em 1960.

Fig. 2: **Pirâmide etária em Portugal 1960.**

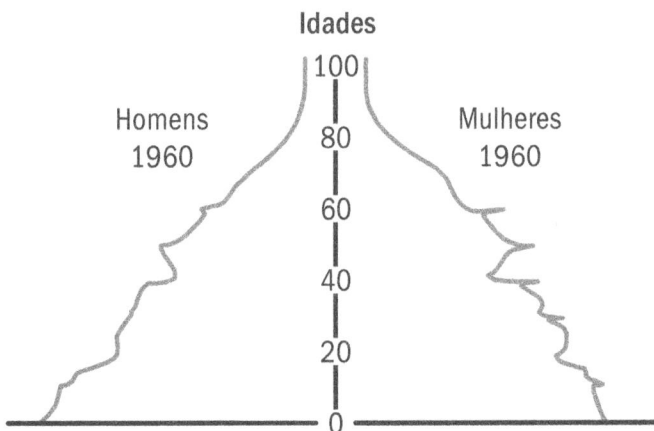

Fonte: Instituto Nacional de Estatística.

Todos os outros países seguiram esta aposta inicial e os 65 anos ficaram estabelecidos como a idade da reforma. Todavia, nos países desenvolvidos, nos nossos dias, a esperança média de vida está nos 80 anos, com tendência para aumentar significativamente. Já não temos uma pirâmide no momento atual. Considera-se que, nos próximos 30 anos, a esperança média de vida se vá aproximando gradualmente dos 100 anos. Que sociedade poderá sustentar as vidas de um número elevadíssimo de população não produtiva dos 60 aos 100 anos? Com as taxas de natalidade a diminuir, deixaremos de ter pirâmides demográficas, ou estas tenderão mesmo para a inversão. Alguns autores designam a projeção que se segue (Figura 3) como a imagem do inverno demográfico e há quem a designe mesmo por "caixão demográfico", devido à imagem configurada. Esta corresponde a um número elevadíssimo de população acima dos 65 anos, justamente a idade da reforma.

Fig. 3: **Projeção do "caixão demográfico".**

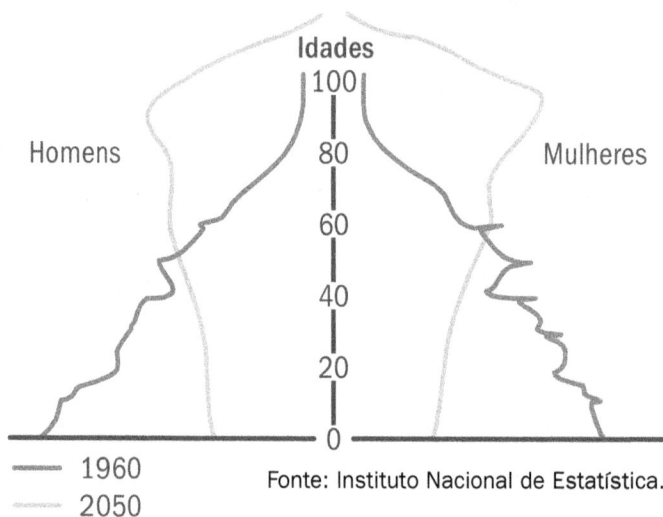

Teremos muito menos pessoas a produzir e muito mais pessoas a viver daqueles que produzem. Após esta análise, concluímos que contar com a Segurança Social para assegurar o nosso futuro será um pouco ingénuo.

Devemos preparar-nos para a eventualidade de não termos o apoio desta instituição. Certamente, não gostaríamos de pertencer ao grupo dos 75% que dependem da ajuda de familiares, da Segurança Social (caso ainda exista) ou da caridade para sobreviver.

Há ainda que ter em conta os 23% de pessoas com mais de 65 anos que continuam a ter de trabalhar. Hoje em dia, assiste-se, nos Estados Unidos da América, a um fenómeno tristemente surpreendente, que consiste em ver pessoas por volta dos 80 anos a trabalhar, nomeadamente, em caixas de supermercado. Apenas 2% das pessoas possuem uma situação confortável na terceira idade, sendo que 1% tem recursos para se autossustentar e 1% é financeiramente independente.

O passado, o presente e o futuro do nosso dinheiro

Outro aspeto importante, quando se trata de lutar pela nossa independência financeira e garantir uma reforma na abundância, consiste em ter em conta o modo como estamos a gastar o nosso dinheiro, porque existem diferentes formas ou tempos em que podemos fazer gastos.

Podemos aplicar o nosso dinheiro no passado. Quando contraímos dívidas para pagar despesas para as quais ainda não temos dinheiro, estamos a criar uma despesa para a vida, o que se traduz em gastar o dinheiro no passado.

Podemos também gastar o dinheiro no presente, quando consumimos tudo o que ganhamos. Seguramente, se fizéssemos uma análise aos nossos gastos, haveria consumos que, apesar de irem ao encontro dos nossos desejos, não fariam parte das nossas necessidades. Gastar o dinheiro no presente materializa-se, por exemplo, no maço de tabaco, no café e no pequeno-almoço fora de casa.

Há um modo alternativo, e mais produtivo do ponto de vista da independência financeira, de gastar o nosso dinheiro. Trata-se de o aplicar no futuro, isto é, investi-lo num ativo que gere rendimentos.

Este livro pode fazer a mudança na sua vida no presente com um impacto fortíssimo no seu futuro.

Fornece-lhe os sete princípios milenares que lhe possibilitam ter uma vida mais próspera. A qualidade da sua experiência, daqui em diante, depende da sua determinação em assumir o controlo da sua área financeira. Aqui, encontrará as ferramentas que lhe permitem melhorar significativamente a sua qualidade de vida.

Começarei por o colocar a par da mecânica das finanças pessoais para atingir os seus objetivos. Depois, mostrar-lhe-ei o motivo pelo qual os lucros são melhores do que os salários e revelarei a poderosa fórmula da capitalização, uma fórmula matemática que, quando aplicada à nossa vida financeira, permite uma rentabilidade em espiral.

É importante dominar o fenómeno da capitalização, uma vez que pode ter consequências excecionais na sua dimensão positiva, mas quando é aplicado aos juros sobre dívidas, poderá ser absolutamente destrutivo. É decisivo, também, que aprenda um sistema eficaz para eliminar a sua dívida, até porque é muito fácil descuidarmo-nos e gastarmos um pouco mais do que aquilo que ganhamos, uma vez que, como veremos no 5.º princípio, as nossas despesas crescem na direta proporção das nossas receitas. Por fim, irei mostrar-lhe como construir várias fontes de rendimento, nunca esquecendo o nosso círculo de competências, que devemos consolidar e alargar através da formação.

1.º PRINCÍPIO

Compreender a Mecânica das Finanças Pessoais

A compreensão da mecânica das finanças pessoais exige, em primeiro lugar, que exista uma noção perfeitamente clara da diferença entre o que deve ser entendido, na nossa vida financeira, como um ativo e o que deve ser entendido como um passivo.

> A primeira ferramenta que precisamos de dominar na mecânica das finanças pessoais é distinguir o que se entende por ativo e passivo.

A capacidade de diferenciar os ativos dos passivos, apesar de aparentemente sem grande importância, é um princípio essencial que poderá fazer a diferença nas nossas vidas e conduzir-nos à compreensão do motivo por que os pobres, em geral, permanecem pobres, os ricos são ricos e as pessoas de classe média, por muito que se esforcem, têm dificuldade ou não conseguem deixar de ser pessoas de classe média. Este poderá considerar-se o primeiro grande conceito da literacia financeira.

Diz-se muitas vezes que o nosso país não tem literacia elevada e a que tem é muito recente. Literacia consiste em saber ler, escrever e interpretar. Ora, se isto se afirma na generalidade, a situação é muito mais grave quando se trata de literacia financeira, isto é, são muito poucas as pessoas que sabem ler e entender as notícias financeiras, os números, os balanços e as contas mínimas que permitem gerir a nossa vida de forma mais consciente.

Quando nos referimos a literacia financeira, trata-se de conhecer os mínimos que permitirão criar valor económico nas nossas vidas, e não de conhecimentos avançados em matemática ou economia. E isto passa, em primeiro lugar, por distinguir os nossos ativos dos nossos passivos.

Se simulássemos um balanço contabilístico da nossa vida financeira, provavelmente iríamos obter um resultado semelhante ao do quadro abaixo (Tabela 1):

Tabela 1: **Adaptação do balanço às finanças pessoais.**

Ativos	Passivos
Depósitos Casa Automóveis	Empréstimo à habitação Empréstimo automóvel Empréstimo para segundo automóvel Empréstimo ao consumo Dívida de cartão de crédito Dívida de cartão de supermercado

Fonte: Autor

Infelizmente, e na maior parte das famílias de classe média, o valor dos passivos ultrapassará o dos ativos, o que significa que o nosso património líquido tem um valor negativo. O cenário equivalente, numa empresa, seria uma situação de falência técnica.

Se esquecermos as regras contabilísticas, podemos organizar o nosso balanço de um modo um pouco diferente. A forma como deveria ser organizado, quando nos referimos a patrimónios familiares e não empresariais, pode analisar-se na Tabela seguinte:

Tabela 2: **Adaptação do balanço da nossa vida à mecânica das finanças pessoais.**

Ativos	Passivos
Depósitos	Empréstimo à habitação Empréstimo automóvel Empréstimo para segundo automóvel Empréstimo ao consumo Dívida de cartão de crédito Dívida de cartão de supermercado Casa Automóveis

Fonte: Autor

Admito que esta reorganização possa causar uma certa estranheza, pois alguns dos itens que antes tínhamos considerado como ativos estão agora listados como passivos. Por exemplo, é natural que ache estranho que a sua casa seja um passivo, uma vez que somos educados a pensar que este é o investimento mais importante da nossa vida. No entanto, não se trata, aqui, de fazer uma distinção para fins contabilísticos, mas sim tendo em vista o impacto destes itens na nossa vida e as respetivas consequências no valor do nosso património e, por conseguinte, no caminho para a nossa independência financeira. Apesar de um carro ou uma casa serem habitualmente considerados ativos, deverá equacionar-se se se tratará mesmo de um ativo. Não será, quando muito, um "mau ativo"? E uma poupança não poderá tornar-se um passivo? Há que abrir a nossa mente para outras realidades financeiras e deixar de lado as ideias feitas que não nos trouxeram grandes resultados até agora.

Posso, aliás, dizer que estamos mesmo a ser muito generosos ao considerar os depósitos como ativos, uma vez que mesmo um depósito a prazo é muitas vezes remunerado abaixo da inflação e, apesar de não gerar diretamente despesa, contribui para o nosso empobrecimento ao fazer com que o nosso património cresça a um ritmo inferior ao da inflação.

Além disso, na maior parte das famílias, os depósitos estão à ordem, sem remuneração, o que significa que, considerando as despesas de manutenção de uma conta bancária, deveríamos, em muitos casos, considerá-los mesmo um passivo. Tendo como pressuposto básico perseguir a nossa independência financeira, ou seja, alcançar rendimentos que nos permitam viver o nível de vida dos nossos sonhos, um ativo poderá definir-se como tudo o que gera uma receita e um passivo como tudo o que gera uma despesa.

> Os passivos são o que, nas nossas vidas, representam uma responsabilidade constante. Os passivos geram despesas, enquanto os ativos geram receitas.

Tendo em mente esta distinção, talvez se possa concluir que, afinal, não é tão fácil como julgámos fazer uma lista dos nossos ativos. Faça agora o seu exercício pessoal, completando a Tabela 3.

Tabela 3: **Exercício.**

Ativos	Passivos

Fonte: Autor

Provavelmente, muitos ativos, apesar de sabermos que existem, não fazem parte das nossas vidas. Com certeza, muitos de nós constataremos que não possuímos um único ativo e aquilo que se considerou toda a vida o nosso maior ativo, a nossa casa, afinal deverá ser entendido como o maior passivo, um passivo em função do qual toda a nossa vida se foi organizando.

A nossa casa, apesar de, contabilisticamente, ser um ativo, não gera rentabilidade, mas sim despesa e, para efeitos de independência financeira, trata-se de um passivo. Poderemos considerá-la, quando muito, um mal necessário, uma vez que precisamos de ter um teto e sentir alguma segurança.

A nossa casa permite-nos satisfazer essa necessidade básica, mas não gera nenhum tipo de retorno financeiro. Pelo contrário, quanto maior e melhor for, mais dinheiro gastamos para a manter. Se, por exemplo, tivermos uma casa com 400 metros quadrados, um jardim, uma piscina, aquecimento central e todas as demais coisas que sonhamos ter, ficamos com grandes responsabilidades mensais, ou seja, a nossa casa poderá traduzir-se num passivo elevadíssimo.

Se simulássemos uma conta de exploração (receitas e despesas) da nossa vida e o respetivo balanço, provavelmente iríamos ser confrontados com a seguinte realidade:

Fig. 4: **Fluxo do dinheiro da classe média.**

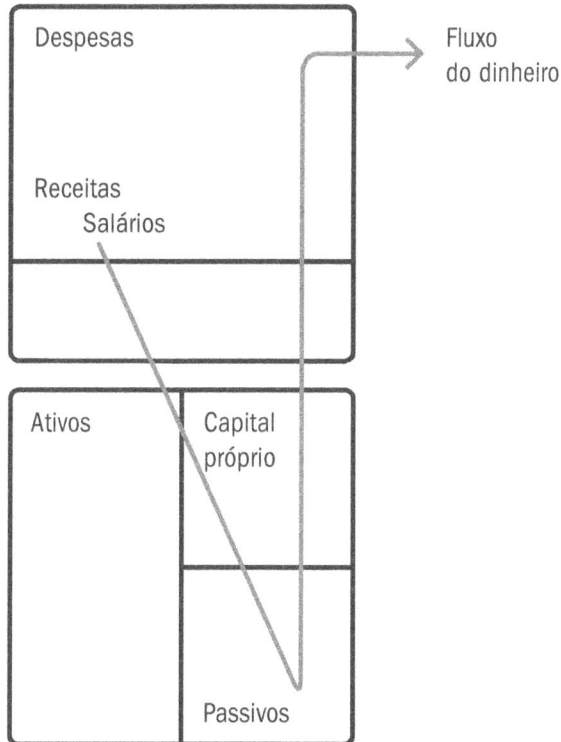

A = CP + P   Fonte: Autor

Como podemos observar (Figura 4), as nossas receitas servem exclusivamente para fazer face às despesas com os nossos passivos e gera-se apenas despesa e não património líquido.

Criar riqueza financeira consiste em construir património líquido, cujo equivalente contabilístico seria o capital próprio, isto é, criar um excedente entre os nossos ativos e os nossos passivos.

Assim, é a forma como as pessoas se posicionam face aos ativos e aos passivos que faz com que os pobres sejam pobres, as pessoas de classe média sejam pessoas de classe média e os ricos sejam ricos.

Vejamos as diferenças entre estes três tipos de classes no que diz respeito a ativos e passivos.

Fig. 5: **Fluxo do dinheiro de uma família pobre.**

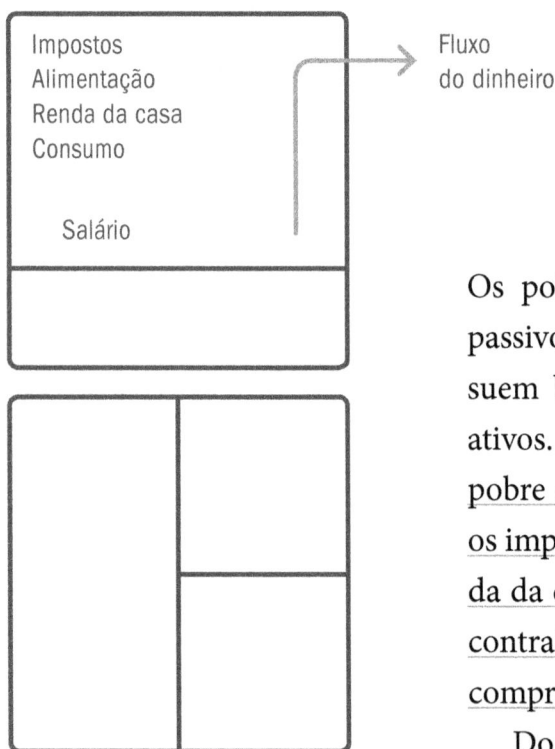

Impostos
Alimentação
Renda da casa
Consumo

Salário

Fluxo
do dinheiro

Fonte: Autor

Os pobres não têm ativos nem passivos, uma vez que não possuem bens nem rendimentos de ativos. O fluxo financeiro de um pobre é o seguinte: o pobre paga os impostos, a alimentação, a renda da casa (porque não consegue contrair um empréstimo para comprar casa) e o seu consumo.

Do lado dos ativos, não tem nada. Tem despesas e, de receitas, apenas tem o seu salário.

Repare na sequência do fluxo financeiro das famílias pobres: primeiro, ganham; depois, pagam impostos sobre aquilo que ganham e gastam aquilo que lhes sobra depois de pagar esses impostos. Não têm balanço, sequer, porque não conseguem ter passivos nem ativos.

Em resumo: o pobre ganha e gasta.

A classe média geram uma receita (em geral, o salário), mas que, muitas vezes, serve para pagar dívidas. Aqui, situa-se a dívida à habitação, que absorve quase a totalidade deste rendimento.

Fig. 6: **Fluxo do dinheiro da classe média.**

Repare que, tal como os pobres, a classe média também tende a ganhar um salário, a pagar impostos sobre esse salário e a gastar aquilo que sobra.

Fonte: Autor

A acrescer a esta dívida, poderá encontrar-se a dívida do cartão de crédito, do carro, e das férias, entre outras.

Assim sendo, o fluxo financeiro de uma pessoa de classe média é o seguinte: paga impostos, a prestação da habitação e o consumo com o que recebe do seu salário.

No entanto, no seu balanço, encontra-se uma série de responsabilidades: a hipoteca, os cartões de crédito, o automóvel, etc. Do lado dos ativos, não tem nada.

Repare que, tal como os pobres, a classe média também tende a ganhar um salário, a pagar impostos sobre esse salário e a gastar aquilo que sobra.

Fig. 7: **Fluxo do dinheiro dos ricos.**

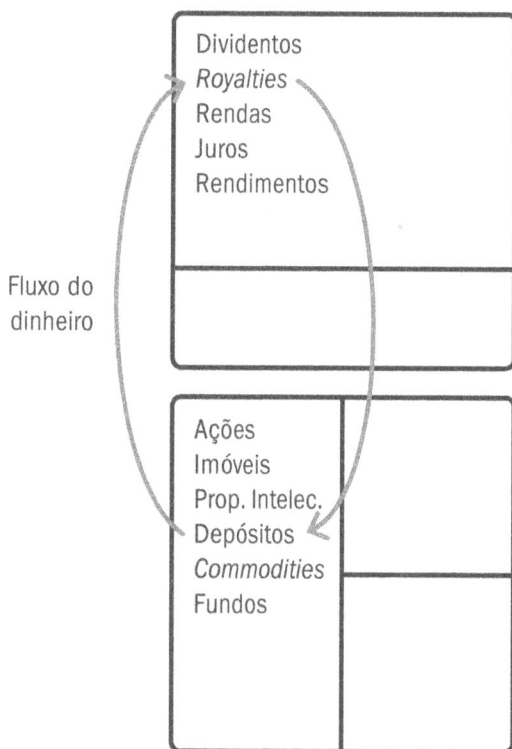

Dividentos
Royalties
Rendas
Juros
Rendimentos

Fluxo do dinheiro

Ações
Imóveis
Prop. Intelec.
Depósitos
Commodities
Fundos

O fluxo financeiro de um rico, por outro lado, traduz-se no seguinte: os ricos ganham dividendos, *royalties*, rendas, juros e rendimentos. Pagam impostos após terem subtraído os gastos: os seus impostos incidem sobre os resultados após terem debitado todas as despesas e não sobre o salário, como as pessoas de classe média.

Fonte: Autor

Ao contrário do que acontece com as famílias pobres e as de classe média, os ricos tendem a organizar o seu património usando estruturas empresariais. Por isso, ganham dinheiro, gastam-no e pagam impostos apenas sobre a diferença, ou seja, sobre os lucros.

Do lado dos ativos, os ricos possuem ações, imóveis, propriedade intelectual, depósitos, *commodities* (mercadorias, como ouro ou prata) e fundos. Usam as receitas para comprar ativos e, quando têm de gastar, gastam o retorno dos ativos e não as suas receitas.

> O consumo dos ricos é suportado pelo rendimento dos ativos e não pelas suas receitas.

Muitas pessoas manifestam a sua perplexidade por os ricos criarem uma enorme riqueza, um património respeitável, e não usufruírem dele. Daqui, resulta uma regra extremamente valiosa que, como qualquer regra, se for quebrada, terá consequências negativas. Considerá-la-emos como uma das nossas regras de base: primeiro, criamos os ativos e quando eles derem rendimentos, compramos o que nos dá prazer. Ou seja, não devemos comprar o que nos dá prazer com receitas e muito menos com dívida.

Ganhamos o dinheiro, investimo-lo e depois compramos o que nos dá prazer com os rendimentos desse investimento, as roupas de marca, os luxos, os carros.

Criar riqueza é, como vimos na Figura 4 (página 27), aumentar o capital próprio, ou seja, aumentar a diferença entre os ativos e os passivos.

> Se a nossa lista de passivos é longa e a nossa lista de ativos é zero, então o nosso capital próprio é negativo. É o desequilíbrio a favor dos ativos que caracteriza os ricos.

> **CHAVE DE OURO**
> A grande diferença não reside naquilo que
> as pessoas ganham, mas sim naquilo que fazem
> com o dinheiro que ganham.

Criar riqueza passa, como vimos anteriormente, por comprar ativos, por aumentar o capital próprio.

Resumindo: há que aumentar a diferença entre os ativos e os passivos.

Uma casa é um mal necessário, mas a sua aquisição e manutenção poderá traduzir-se na diferença entre ter uma reforma milionária ou não.

Quais são as despesas que temos com a nossa casa?

1. Juros sobre o empréstimo;
2. Condomínio;
3. Seguros;
4. Manutenção;
5. Despesas de água, luz, gás…;
6. Impostos….

Quando avaliamos a possibilidade de ter casa própria, devemos ainda ter em conta o custo de oportunidade, ou seja, a rentabilidade que poderíamos ter tirado do valor aplicado no imóvel se o tivéssemos aplicado num "bom ativo". Sempre que usamos o nosso dinheiro, temos de ponderar os resultados que nos poderia trazer e ter em conta o retorno completamente diferente que poderíamos ter alcançado se tivéssemos tomado outra decisão.

No sentido de compreendermos mais profundamente a afirmação de que criar riqueza não depende tanto do que ganhamos, mas do que fazemos com o que ganhamos, vamos refletir sobre aquilo que caracteriza os milionários e como se transformaram em pessoas detentoras de um milhão em ativos realizáveis, já que é esta a nossa definição de milionário.

De todos os milionários do mundo, 50% chegaram a milionários a ganhar menos de 100 mil euros por ano. Reforça-se que são menos de 100 mil euros, ou seja, fazem parte deste grupo todos aqueles que se situam entre os 50 e os 100 mil euros e ainda os que ganham menos de 50 mil euros por ano.

Por outro lado, 90% dos milionários ganham menos de 500 mil euros por ano. Assim, apenas uma ínfima parte dos milionários do mundo ganha mais de 500 mil euros por ano.

Prosseguindo a caracterização dos milionários, 80% são milionários de primeira geração e trabalham, em média, 45 a 55 horas por semana. Daqui se conclui que são pessoas empenhadas e trabalhadoras.

Outro dos aspetos determinantes que devemos ter em conta é que 80% dos milionários do mundo investem em ações. Ora, se este é um comportamento característico dos milionários, certamente será importante tê-lo em conta e tentar replicá-lo, uma vez que o nosso objetivo é atingir resultados semelhantes.

2.º PRINCÍPIO

Lucros São Melhores do que Salários

Se o nosso sonho é prosseguir a passos largos no caminho da independência financeira, devemos ter em conta que os lucros são melhores do que os salários.

Esta foi uma das lições que aprendi há muitos anos com uma das maiores referências da minha vida, Jim Rohn[1].

Uma das razões determinantes que levam os empreendedores a considerar os lucros melhores do que os salários reside no facto de o tratamento fiscal dos dois ser bastante distinto.

Os impostos sobre os lucros são pagos após serem descontadas as despesas, enquanto nos salários são descontados antes dos gastos.

Isto traduz-se numa diferença significativa no final de cada mês, e muito maior no final do ano.

Além de os impostos serem deduzidos nos salários antes das despesas, e nos lucros após os gastos, a tributação dos primeiros pode chegar a 48% e a dos segundos é de apenas 25%.

O tratamento fiscal dos lucros é mais favorável do que o dos salários.

---

1. Autor e orador norte-americano.

O outro motivo pelo qual os lucros são melhores do que os salários prende-se com o facto de o limite ou teto dos vencimentos se atingir demasiado depressa.

O limite dos salários está relacionado com o limite imposto pelas nossas horas de trabalho. O rendimento de um salário, a curto prazo, encontra-se associado ao número de horas que trabalhamos.

A forma de se aumentar o rendimento, no caso de trabalharmos por conta de outrem, é trabalhar um maior número de horas. As nossas horas de trabalho têm um limite.

Podemos também seguramente aumentar o valor da nossa hora de trabalho. Basta diversificar ou aprofundar as nossas competências. Todavia, o dia apenas possui 24 horas e as nossas capacidades, por muito invulgares e especializadas que sejam, apenas podem exercer-se no espaço restrito desse número limitado de horas. Por outro lado, a perceção do valor que acrescentamos à nossa hora de trabalho é morosa, levando tempo a ser reconhecida. Não podemos duplicar o nosso salário amanhã ou no próximo mês. Provavelmente, nem no espaço de um ano conseguiremos um grande progresso a este nível. O progresso dos lucros e o dos salários é completamente diferente. O limite atinge-se muito rapidamente nos vencimentos.

> Os lucros não têm limites, enquanto os limites num salário se atingem demasiado depressa.

Uma vez que, contrariamente aos salários, os lucros não têm limite, é muito mais fácil multiplicá-los. Basta ter uma ideia ou uma boa oportunidade (se a soubermos reconhecer e aproveitar) e a seguir podemos multiplicar os lucros por dois ou por três ou por 10 ou até mesmo por 100.

Uma ideia pode até ter um poder ilimitado no crescimento dos nossos lucros. Tudo depende da sua qualidade. O trabalho dos empreendedores é ter ideias de qualidade que multipliquem os lucros.

É difícil criar um determinado volume de dinheiro a partir de um salário. Há obviamente exceções de quem consegue uma massa crítica financeira muito significativa através do seu ordenado.

Neste grupo, encontram-se essencialmente os administradores e os gestores de grandes empresas, mas, para tal, indexam a sua remuneração ao lucro da empresa. Ou seja, ganham montantes muito elevados porque a sua remuneração é uma parte dos lucros da empresa e, dessa forma, não está limitada pelas horas de trabalho disponíveis. Estes indivíduos acabam por conseguir a vantagem acrescida de ter os benefícios dos lucros sem correrem os riscos dos empresários, mas são obviamente uma exceção.

Poderemos encontrar milionários a trabalhar por conta de outrem, mas dificilmente encontraremos multimilionários entre as pessoas que vivem exclusivamente de um salário.

> Há que reforçar que não somos apenas pagos à hora. Não é só o número de horas que trabalhamos que é importante. Somos pagos, sim, pelo valor que atribuímos à nossa hora de trabalho.

Ter isto em conta é essencial porque podemos e devemos, com o tempo, aumentar esse valor. Este será, aliás, um dos fatores mais críticos para a criação de riqueza.

Reconhecer o valor que atribuímos à nossa hora de trabalho é fundamental. Não é apenas um maior esforço (mais horas de trabalho) que nos traz mais dinheiro, mas sim o valor que atribuímos a esse esforço.

No fundo, trata-se de percecionar o valor que atribuímos à nossa hora de trabalho e tentar aumentá-lo, pois não somos apenas pagos pelo tempo em que estamos ocupados ou pelo nosso esforço, mas essencialmente pelo valor da nossa hora de trabalho, que depende do investimento que fazemos na nossa formação.

Somos pagos pelo valor que atribuímos à nossa hora de trabalho.

Esta reflexão é determinante, pois uma das chaves para a criação de fortuna não está nas horas que trabalhamos, uma vez que são limitadas para todo o ser humano, mas sim no valor que lhes é atribuído e reconhecido.

Por muito resistentes, determinados e mesmo apaixonados que sejamos no nosso trabalho, o nosso dia, à semelhança do dos demais, nunca terá mais do que 24 horas. O tempo humano é limitado, mas não há limite para o valor que podemos acrescentar a esse tempo.

Podemos produzir muito mais na nossa hora de trabalho, gerar mais valor e ser mais bem pagos pelo serviço que prestamos. Se o valor que acrescentarmos à vida dos outros for relevante, estes estarão dispostos a pagar por isso. E se este valor puder chegar a um maior número de pessoas, passando mesmo às gerações seguintes, como acontece com uma descoberta científica, a escrita de um livro ou a invenção e o licenciamento de um negócio que possa ser objeto de *franchising*, esse valor poderá traduzir-se em *royalties* e também o lucro poderá ultrapassar os limites da nossa própria vida e estender-se à vida dos nossos filhos.

Ainda assim, apesar de reconhecermos que os lucros são melhores do que os salários, não significa que seja impossível alcançar a independência financeira a partir de um salário. Pelo contrário, se seguirmos alguns dos princípios propostos neste livro e as regras aconselhadas, poderemos vir a conseguir uma reforma milionária.

A partir de um salário, é possível atingir uma reforma milionária.

O conhecimento da escada da independência financeira possibilita-nos ter uma consciência mais clara do nível de alavancagem dos nossos rendimentos.

A alavancagem é a nossa capacidade de multiplicar o resultado do nosso esforço.

O termo remonta a Arquimedes e à sua célebre afirmação: "Deem-me uma alavanca suficientemente grande e um ponto de apoio e só com uma mão eu posso mover o mundo." A alavancagem no progresso em direção à independência financeira é crucial.

Na escada da independência financeira (Figura 8), encontramos vários níveis de alavancagem. O primeiro é o nível do trabalhador por conta de outrem, que denominaremos empregado (colaborador), a que segue o autoempregado, o empresário e, por fim, no topo da hierarquia, o investidor.

Fig. 8: **Escada da independência financeira - I.**

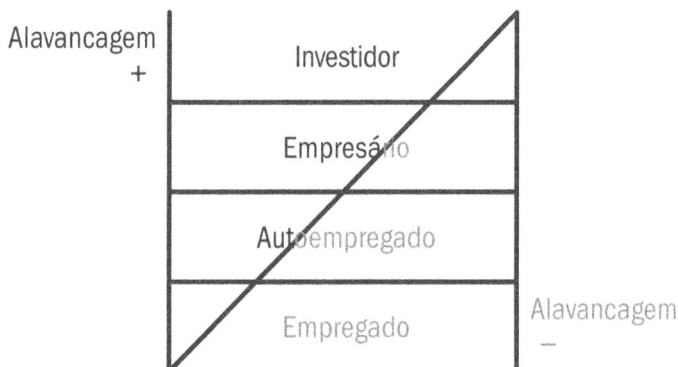

Fonte: Autor.

1.º nível de alavancagem: o empregado

O empregado possui um nível de alavancagem praticamente inexistente, pois, num primeiro momento, depende, como vimos, do aumento das suas horas de trabalho. A sua capacidade de multiplicar o resultado do seu esforço é muitíssimo limitada.

Quando trabalhamos por conta de outrem, trocamos tempo por dinheiro, ou seja, damos um determinado número de horas por semana e esperamos em troca uma determinada remuneração, que tende a ser fixa. Se precisamos de ganhar mais dinheiro, a resposta mais imediata está sempre em trabalhar mais horas.

2.º nível de alavancagem: o autoempregado

Há empregados que, a determinada altura e por alguma razão, decidem estabelecer-se por conta própria. Ou porque sentem que são melhores conhecedores do negócio, dos clientes e da empresa do que o dono ou porque, eventualmente, ficam desenquadrados profissionalmente. Além disso, consideram que têm determinadas competências técnicas.

Neste contexto, decidem criar o seu próprio negócio. Em geral, trata--se de um autoemprego. São *freelancers*, estão por conta própria e começam a ter a possibilidade de empregar outras pessoas. Por isso, dizemos que esta realidade se traduz num nível baixo de alavancagem.

Há algum nível de alavancagem, porque já existe a possibilidade de se ser remunerado pelas horas de trabalho de algum colaborador, mas esse nível é muito baixo, na medida em que a empresa necessita do próprio dono para assegurar as operações.

Mesmo no caso de estes autoempregados terem pessoas a trabalhar para eles, o resultado das duas forças de trabalho depende essencialmente do esforço do criador da empresa. É ele o especialista, o técnico. Isto acontece, por exemplo, quando um cozinheiro ou um cabeleireiro se estabelecem por conta própria. Na primeira fase destes negócios, o cozinheiro irá cozinhar e o cabeleireiro, cortar cabelos. Ora, como são os empresários que estão a trabalhar no negócio, a empresa continua a depender das horas de trabalho de uma pessoa e o seu nível de alavancagem é, por isso, muito baixo. A este nível e no nível anterior, se não se colocar horas de trabalho no negócio, não se ganha dinheiro.

3.º nível de alavancagem: o empresário

Na minha perspetiva, podemos considerar-nos verdadeiramente empresários quando temos uma hierarquia que assegura o funcionamento operacional da empresa sem que precisemos de estar direta e permanentemente envolvidos. A partir deste momento, o nosso trabalho passa a ser pensar, tomar decisões, ter ideias e fazer opções. Neste caso, o empresário é remunerado essencialmente pelo esforço das outras pessoas. Ser empresário é unir ideias ao esforço de outras pessoas para atingir retorno. A este nível, já somos remunerados pelas horas daqueles que trabalham para nós. É este o princípio conceptual de uma empresa: ser remunerado essencialmente pelas horas de trabalho dos colaboradores e não diretamente pelas nossas.

4.º nível de alavancagem: o investidor

Somos investidores quando já não precisamos de estar envolvidos com uma atividade económica para que esta nos gere um retorno.

Um investidor é alguém que tem participações financeiras várias e cujo trabalho consistirá em controlar os indicadores de desempenho dos seus ativos e tomar decisões sobre a alocação do capital que estes ativos geram. Um investidor é aquele que recebe dinheiro e decide o que vai fazer com ele. Faz dinheiro com dinheiro.

Resumindo:

- Como empregados ou autoempregados, ganhamos dinheiro;
- Como empresários, começamos a fazer dinheiro;
- Como investidores, recebemos dinheiro.

Estas realidades estão correlacionadas com os diferentes níveis de alavancagem: na base, temos um esforço máximo que se traduz numa remuneração correspondente às horas de trabalho, enquanto no topo da hierarquia o esforço é mínimo. Daí, podermos concluir que horas e remuneração, a este nível, não têm necessariamente uma correlação. O que importa é a qualidade das nossas opções, o nível das nossas decisões e a argúcia do pensamento. É deles que depende o montante de dinheiro que iremos ganhar.

Assim:

- Como empregados ou autoempregados, ganhamos dinheiro com o nosso esforço;
- Como empresários, ganhamos dinheiro com o esforço dos outros;
- Quando atingimos o estatuto de investidores, fazemos dinheiro com dinheiro. É o dinheiro que trabalha para nós. Já não há esforço envolvido de uma forma direta.

Podemos considerar o nível de alavancagem do investidor como o degrau mais elevado na escada que nos leva à independência financeira porque temos mais resultados com um menor esforço.

Fig. 9: **Escada da independência financeira - II.**

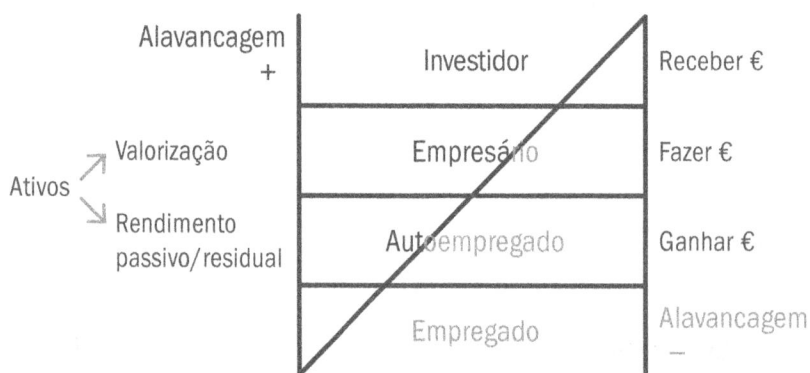

Fonte: Autor.

Como podemos ver na Figura 9, para sermos investidores, devemos comprar ativos que se valorizem e gerem rendimentos.

É certo que podemos jogar o jogo da multiplicação de rendimentos a um nível muito lucrativo trabalhando por conta de outrem, como foi referido. No entanto, há algo que deve ser tido em conta, mesmo quando trabalhamos para terceiros: devemos olhar para nós como um produto. Quanto mais atrativa for a nossa personalidade e o nosso currículo, mais valor poderemos atribuir à nossa hora de trabalho. O 3.º princípio irá analisar o poder da capitalização.

3.º PRINCÍPIO

Compreender o Poder da Capitalização

Eis-nos no centro daquilo que permite criar independência financeira, a fórmula da capitalização que, em finanças, se designa juro composto.

Compreender este princípio é decisivo e, sem o seu domínio, é impossível criar riqueza. Quem criou riqueza no passado teve de o dominar e aplicar, mesmo que inconscientemente. A fórmula da capitalização refere-se à rentabilidade sobre a rentabilidade ou ao juro sobre o juro.

Einstein referiu-se ao fenómeno da capitalização como a fórmula mais poderosa da natureza e da matemática e a mais importante descoberta da humanidade. Não é necessário ser um prémio Nobel da Física e ter noções de cálculo ou de finanças para compreender o poder do juro composto.

O poder da capitalização é uma sabedoria ancestral, dominada pelo camponês que a aplica para rentabilizar a sua colheita. O camponês começa por semear, tendo como único fundamento para o seu trabalho a promessa de uma colheita. A única garantia que tem é o histórico, que mostra que se semearmos, provavelmente iremos colher.

Quando se dá a colheita, o camponês não pensa de imediato em comer o que colheu ou em consumir todo o produto do seu trabalho, mesmo que a família se encontre num período de escassez ou de fome.

A primeira atitude do camponês perante a sua colheita, por muito precária que esta seja, é colocar de lado uma parte para voltar a semear. E, para este homem simples, desprovido de conhecimentos matemáticos, há uma certeza inabalável: quanto maior e melhor for a parte da semente que guarda, maior será a sua sementeira seguinte, bem como a promessa da respetiva colheita.

Não passa pela cabeça de nenhum camponês consumir tudo o que colheu e ficar sem semente e muito menos comer o que não colheu, que é o mesmo que qualquer pessoa faz quando compra com dívida.

O poder do retorno sobre o retorno é de tal modo fundamental que ficou imortalizado numa narrativa milenar da sabedoria oriental. Trata--se da história de um rapaz pobre que conseguiu obter o que desejava de um grande imperador. Vamos recordá-la:

A filha do Imperador chinês estava doente e este prometeu todas as riquezas imagináveis a quem a curasse. Um jovem camponês chamado PongLo entrou no palácio. Com a sua inteligência e bravura, curou a Princesa e conquistou o seu coração. Como recompensa, PongLo pediu a mão dela em casamento. O Imperador recusou e disse ao camponês para pedir qualquer outra coisa, menos a sua filha.

Depois de pensar bastante, PongLo disse:

– Quero um grão de arroz.

– Um grão de arroz?! Que disparate! Pede-me as melhores sedas, a maior sala do palácio, uma cavalaria com os cavalos mais poderosos – e eu dar-tos-ei!

– Um grão de arroz serve perfeitamente – disse PongLo. – Quero um grão de arroz. Mas se Sua Majestade insistir, pode duplicar a quantia todos os dias durante cem dias.

O Imperador aceitou, surpreendido com a humildade do rapaz.

No primeiro dia, os seus servidores entregaram um grão de arroz a PongLo. No segundo dia, entregaram-lhe dois grãos de arroz. No terceiro dia, PongLo recebeu quatro grãos e, no quarto dia, oito grãos.

No quinto dia, 16.

No sexto dia, 32.

No sétimo dia, 64.

No oitavo dia, 128.

No décimo segundo dia, já somava 2048 grãos de arroz. No vigésimo dia, foram-lhe entregues 524 288 grãos de arroz. E no trigésimo dia, 536 870 912 grãos de arroz. Por isso, foram necessários 40 servos para os transportar. Desesperado, o Imperador teve a única atitude digna de um Imperador e consentiu o casamento de PongLo com a sua filha, vendo--se na iminência de não poder cumprir o que tinha acordado. Diz-se que, de modo a não ferir os sentimentos do Imperador, não foi servido arroz no banquete de casamento.

> O poder da capitalização é a força mais poderosa da natureza.

A fórmula da capitalização pode ser representada graficamente como uma espiral, em que a base é estreita e a parte de cima sofre um alargamento exponencial (ver Figura 10).

Apesar de o efeito ser relativamente lento, no início, a base vai-se expandindo e vai acelerando com o tempo. O tempo é um fator determinante no processo de capitalização. Se investirmos 1 euro a 10%, ao fim de um ano, teremos 1,1 euros e, no ano a seguir, os mesmos 10% já não irão incidir somente sobre o 1 euro, mas sobre 1,1 euros. Então, no segundo ano, teremos mais rentabilidade do que tínhamos no primeiro.

E no terceiro também – e assim sucessivamente. Ou seja, ao longo do tempo, assistimos a um efeito multiplicador poderoso, sendo que a velocidade aumenta.

Fig. 10: **A espiral da capitalização.**

Fonte: Autor.

Ao fim de uma dezena de anos, e ainda mais ao fim de 40 anos, a velocidade aumenta a um ritmo crescente. Visualizando o fenómeno de outro modo, temos a Figura 11 com a representação da curva de massa crítica.

Fig. 11: **A curva de massa crítica.**

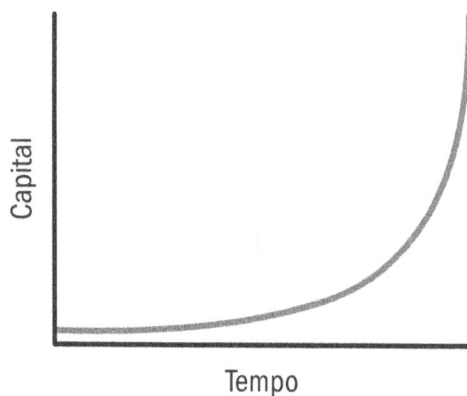

Fonte: Autor.

Para melhor entendermos o que se passa nesta figura, a curva de massa crítica, poderemos imaginar uma bomba manual antiga para tirar água de um poço. Este tipo de bomba tinha um depósito e quem precisasse de água tinha de a bombear manualmente, com uma alavanca.

O que acontece é que o primeiro esforço não traz água nenhuma porque o depósito se encontra vazio. Mas, se continuarmos a trabalhar, o depósito vai-se enchendo gradualmente e, a partir do momento em que está cheio, o mínimo esforço faz correr a água. Passa-se exatamente o mesmo com um copo de água quando se encontra cheio: a mais ínfima gota fá-lo transbordar.

Na criação de uma massa crítica, como em tudo na vida, o início exige muito esforço até que atingimos o *momentum* (em física, este conceito traduz o produto da massa pela velocidade). Quando é alcançado, é necessário um esforço muito pequeno para obtermos resultados. Por isso, podemos observar que, no final da Figura 11, a linha revela um resultado elevadíssimo em comparação com o início.

Outro exemplo que nos permite reconhecer o efeito da capitalização é o fenómeno de empurrar um carro. Quando se empurra um carro, a parte mais difícil é o início, pois temos de vencer a inércia. À medida que fazemos o carro deslocar-se, vai-se criando o *momentum*. Assim, quanto maior for a velocidade, mais esta se multiplica pela massa do próprio carro sendo necessária muito menos energia para a fazer deslocar. É exatamente a curva que visualizámos na Figura 11.

No progresso em direção à independência financeira, é a massa crítica de dinheiro que origina o *momentum*, que, ao longo do tempo, vai criando a riqueza.

O fator determinante neste processo é o tempo. O tempo é a alavanca de Arquimedes na capitalização. Na narrativa sobre PongLo, vemos o efeito de uma capitalização diária de 100%.

Evidentemente, este não é o tipo de rentabilidade que esperamos conseguir com o nosso dinheiro. No entanto, podemos analisar, no exemplo que se segue, a capacidade que temos de capitalizar o nosso dinheiro de um ponto de vista realista, ou seja, uma capitalização entre 2 e 12%, a partir de um depósito de 100 euros por mês.

Poupando 3 euros por dia, o equivalente a um maço de tabaco barato ou dois cafés e um bolo, ou mesmo dois refrigerantes, conseguimos pôr de lado, para rentabilizar, cerca de 100 euros por mês. Ora, 100 euros por mês, ao longo de 40 anos, pode traduzir-se em resultados incríveis, como podemos analisar no quadro.

Uma quantia de 100 euros por mês, investidos a 12%, ao fim de 40 anos, traduz-se numa reforma milionária.

Imaginemos que poupamos 5 euros por dia.

€5 × 7 dias = €35/semana = aproximadamente €150/mês

Se investirmos €150 por mês e ganharmos 10% do retorno anual, acabaríamos com:

1 ano = €1885

2 anos = €3967

5 anos = €11 616

10 anos = €30 727

15 anos = €62 171

30 anos = €339 073

40 anos = €948 611

Utilize o poder da poupança diária.

Recordemos, como foi dito, que o fator decisivo para atingirmos a nossa independência financeira não é quanto ganhamos, mas o que fazemos com o nosso dinheiro. Há que ter em conta, analisando a Tabela 4, que a taxa de rentabilidade a que aplicamos o dinheiro é extremamente importante.

A taxa de rentabilidade a que o nosso dinheiro está aplicado é decisiva para a nossa independência financeira.

Tabela 4: **Tabela de Capitalização.**

Dependendo da taxa de retorno, investir apenas €100 por mês, deixando-os a capitalizar, pode gerar uma interessante reforma								
Taxa de juro	5 anos	10 anos	15 anos	20 anos	25 anos	30 anos	35 anos	40 anos
€100/mês investidos a 2,0%	€6315	€13 294	€21 006	€29 529	€38 947	€49 355	€60 856	€73 566
€100/mês investidos a 3,0%	6481	14 009	22 754	31 912	44 712	58 419	74 342	92 837
€100/mês investidos a 4,0%	6652	14 774	24 691	36 800	51 584	69 636	91 678	118 590
€100/mês investidos a 5,0%	6829	15 593	26 840	41 275	59 799	83 573	114 083	153 238
€100/mês investidos a 6,0%	7012	16 470	29 227	49 435	69 646	100 954	143 183	200 145
€100/mês investidos a 7,0%	7201	17 409	31 881	52 397	81 480	122 709	181 156	264 012
€100/mês investidos a 8,0%	7397	18 417	34 835	59 295	95 737	150 030	230 918	351 428
€100/mês investidos a 9,0%	7599	19 497	38 124	67 290	112 953	184 447	296 385	471 643
€100/mês investidos a 10,0%	7808	20 655	41 792	76 570	133 789	227 933	382 828	637 678
€100/mês investidos a 11,0%	8025	21 899	45 886	87 357	159 058	283 023	497 347	867 896
€100/mês investidos a 12,0%	8249	23 234	50 458	99 915	189 764	352 991	649 527	1 188 242

Fonte: Autor.

Aplicarmos o nosso dinheiro em depósitos tradicionais, isto é, a cerca de 2%, dependendo da conjuntura, faz com que apenas consiga 73 566 euros, um montante muito mais baixo.

Hoje em dia, as pessoas que têm alguma liquidez investem com frequência em depósitos a prazo. Poderá ser muito confortável, mas um erro do ponto de vista da caminhada da independência financeira. Isto é, 2% é um retorno abaixo da inflação, o que se traduz numa perda do poder de compra. A inflação, em termos médios, costuma andar acima dos 3%.

> É crucial investir o dinheiro de uma forma sábia.

Quem opta pelos depósitos fá-lo pela ilusão da segurança. Ou seja, o facto de o banco lhe garantir uma determinada rentabilidade faz com que o aforrador negligencie uma parte importante do risco, seja o risco de o banco não cumprir com a sua obrigação, que é um risco real, seja a perda de poder de compra pelo efeito da inflação, seja ainda o famoso custo de oportunidade, isto é, a rentabilidade que conseguiríamos da nossa poupança se escolhêssemos outra opção para investir. Para podermos investir o nosso dinheiro de forma inteligente, necessitamos de ter uma noção precisa do que é o risco quando falamos de investimentos.

O 6.º princípio deste livro é dedicado às distintas fontes de rendimento e, aí, será objeto de análise o que se pode ou não considerar um risco neste campo.

Para que a fórmula da capitalização nos possa conduzir à independência financeira, há uma chave de ouro que precisamos de usar:

CHAVE DE OURO
Pague a si próprio primeiro.

Pagar a nós próprios primeiro significa que, de todos os valores que recebermos, devemos dedicar uma percentagem à nossa poupança. Nunca devemos descurar esta preocupação com o montante que colocamos de lado para formar a nossa massa crítica ou, recordando a atitude do camponês, o primeiro passo é colocar de lado uma parte para voltar a semear.

Pagar a nós próprios primeiro consiste em escolher uma percentagem do nosso vencimento ou rendimento e, antes de qualquer outra ação, alocar este dinheiro a uma conta-poupança. Abrir esta conta não altera a nossa qualidade de vida, mas muda radicalmente a nossa autoimagem financeira.

Fig. 12: **Pagar a si próprio primeiro.**

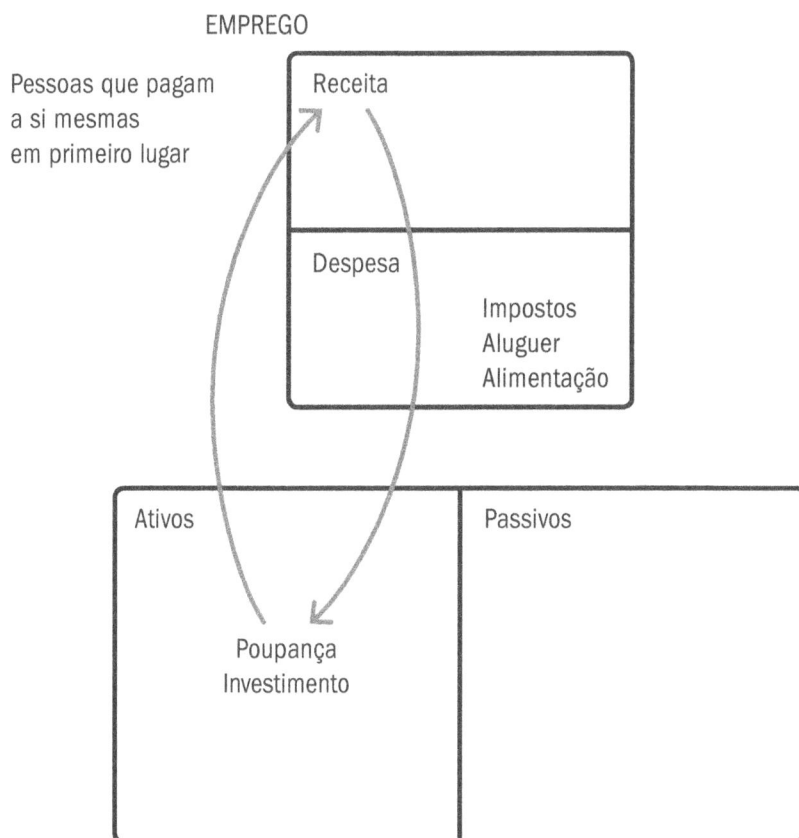

EMPREGO

Pessoas que pagam a si mesmas em primeiro lugar

Receita

Despesa

Impostos
Aluguer
Alimentação

Ativos

Passivos

Poupança
Investimento

Fonte: Autor.

Fig. 13: **Pagar aos outros primeiro.**

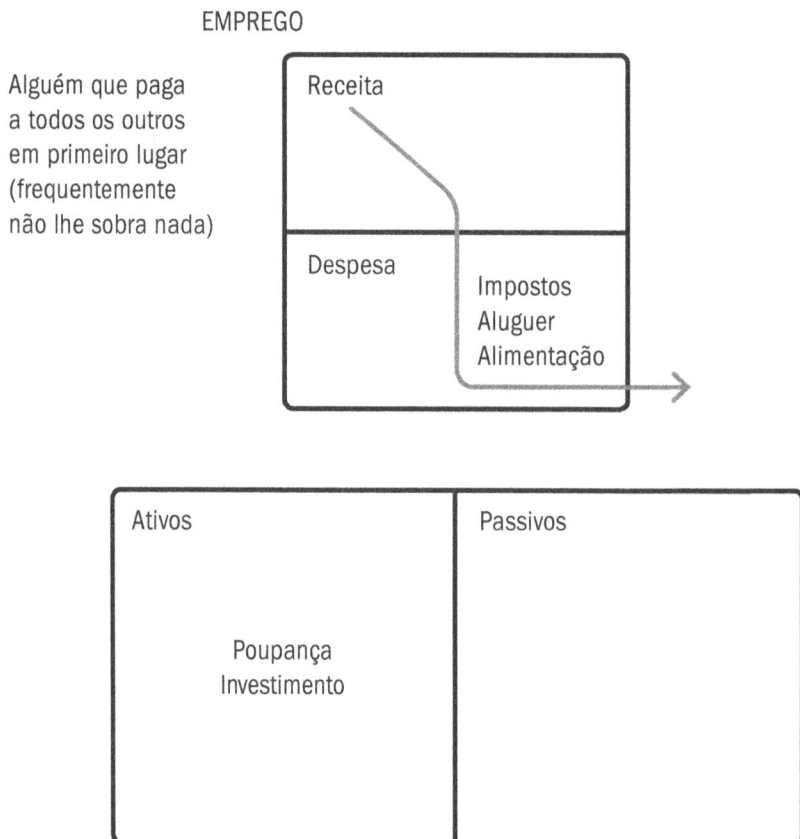

EMPREGO

Alguém que paga
a todos os outros
em primeiro lugar
(frequentemente
não lhe sobra nada)

Receita

Despesa

Impostos
Aluguer
Alimentação

Ativos

Passivos

Poupança
Investimento

Fonte: Autor.

Podemos iniciar este nosso pagamento com 10% do nosso rendimento, mas se estivermos numa situação muito frágil, até podemos iniciar a nossa poupança com menos.

> O importante é criar o hábito de uma poupança. O efeito é como se se tratasse de um íman.

Falar aqui de um íman poderá parecer uma incursão pelo esoterismo, mas trata-se, antes, de recorrer às noções da física contemporânea. Segundo a física das micropartículas, a energia dirige-se para onde colocamos a nossa atenção. Assim, baseando-nos na física quântica, e não em qualquer crença mística, a partir do momento em que focalizamos a nossa atenção a fazer depósitos numa conta-poupança, esses depósitos vão começar a multiplicar-se. Nunca devemos tocar nesta conta, em hipótese alguma.

> A atenção deve focar-se em aumentar a massa crítica através de uma conta-poupança.

Só se mexe na conta em caso de vida ou de morte. Dessa conta, não deverá existir qualquer cartão ou meio de pagamento para não haver tentações. Devemos olhar para o dinheiro como areia, que é extremamente fácil de escapar por entre os nossos dedos.

Não tocar na nossa poupança exige uma determinação inabalável.

Há pessoas que, desta conta, apenas pretendem tirar os juros. Mas se o fizermos, estamos a matar a capitalização.

Na antiga Babilónia, em lugar de dinheiro, as transações faziam-se em ouro. Era um tempo de escravatura, em que os homens ricos, em vez de trabalhar, punham escravos a trabalhar para eles.

Evidentemente, quanto mais escravos um homem tivesse a trabalhar para si, mais rico se tornava e em menor tempo. A imagem de um grande mestre na área financeira é a de que o ouro é um escravo incansável. Ora, sendo escravo, os seus filhos também trabalham para nós. Se gastarmos os juros da nossa poupança, é como se estivéssemos a matar os filhos dos nossos escravos.

Assim, se gastarmos os juros, a nossa figura passa a ser diferente.

Fig. 14: **Curva de massa crítica aplicada ao capital.**

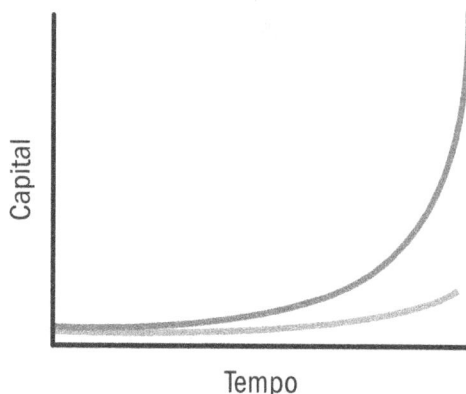

Fonte: Autor.

Provavelmente, neste momento, alguns dos leitores deste livro estarão a indagar por que motivo quereriam ser ricos se não for para gastar o dinheiro. Há, no entanto, algo fundamental a reter: se temos de despender uma parte dos nossos ativos em lazer ou objetos de consumo, que seja com o retorno dos ativos, mas sempre tendo em mente que estamos "a comer uma parte dos filhos dos nossos escravos". Nunca devemos fazê-lo com o salário e muito menos com dívida.

Recordemos, uma vez mais, o camponês. Na sua situação, isso seria equivalente a comermos o que ainda não colhemos.

Em resumo: o poder da capitalização só se exerce a partir do respeito escrupuloso pela regra de ouro "Pague a si próprio primeiro".

Esta regra é tão decisiva que existe um livro notável na história financeira, *The Automatic Millionaire*, de David Bach, que se concentra apenas nesta ideia: pague a si próprio primeiro e torne o processo automático.

Guardar uma percentagem dos ganhos para a poupança é a atitude dos que se tornam milionários.

Quando vemos uma árvore muito grande, que dá muita sombra, não poderemos esquecer-nos de que começou por ser uma semente. Enquanto semente, era extremamente frágil. Depois, começou a rebentar e teve de ser cuidada e regada. Quanto mais crescia, de menos cuidados necessitava. Hoje, imaginamos que seja uma árvore centenária, uma árvore tão segura, estruturada e com raízes tão profundas que já não necessita de qualquer cuidado. É isto que acontece quando criamos a massa crítica para a nossa independência financeira.

Primeiro, há que cuidar desse ser vivo frágil para depois podermos estar à sombra dessa árvore sem qualquer esforço ou preocupação. Teremos sombra, enquanto vivermos, independentemente do tempo que vivermos, porque conseguimos criar a nossa independência financeira.

Outro aspeto crítico é que quanto maior for a percentagem das receitas que pagarmos a nós próprios primeiro, maior será a capacidade de acumular e capitalizar a riqueza.

Se sugeri que comece a sua poupança com um valor de aproximadamente 10% dos seus ganhos, o seu objetivo deverá aumentar esta percentagem ao longo do tempo.

> A ideia é aumentar a nossa base reprodutiva e, à medida que vamos progredindo na escada da independência financeira, poupar uma percentagem cada vez maior de todos os nossos ganhos.

O dinheiro pode ser um escravo incansável que trabalha para nós e o tempo, a alavanca que faz crescer a nossa massa crítica.

A noção de longo prazo é uma das noções axiais na formação da riqueza. Dificilmente é possível conseguir ficar rico em menos de sete a 10 anos e é possível fazê-lo sem perder qualidade de vida. Mesmo Warren Buffett, várias vezes considerado o homem mais rico do mundo, levou 14 anos a ganhar o seu primeiro milhão. Por isso, ter expetativas razoáveis e respeitar o tempo como um poderoso auxiliar torna-se decisivo no processo de criar riqueza.

Talvez devêssemos olhar para a vida como um pronto a comer. O que acontece num pronto a comer? Em primeiro lugar, começamos por tirar o tabuleiro, os talheres, o prato e a sobremesa. Quando chegamos ao final do balcão, pagamos. Isto é, pagamos primeiro e só depois comemos. No entanto, se este local tiver boa comida e for muito frequentado, primeiro, teremos de aguardar na fila para apanhar o tabuleiro. Ou seja, as pessoas vão-se alinhando e, em hora de ponta, temos de encarar a fila. Por isso, quando chegamos, a primeira coisa que temos de fazer é entrar na fila. Na vida, há muitas filas nas quais deixamos de entrar por acharmos que não são para nós. Por exemplo, a fila da criação de uma independência financeira ou de riqueza. Quantos passamos por ela e, por qualquer preconceito, dizemos: "Esta não é a minha fila." E deixamos de nos pôr na fila.

Existem algumas regras do "pronto a comer":

1. A primeira é: "Entre na fila." É óbvio que, quando o pronto a comer é excelente, a fila é grande. Por isso, há pessoas que entram na fila, esperam um bocadinho e depois pensam que não vale a pena continuar à espera e desistem. Ora, os que saem da fila a meio, normalmente, vão entrar noutra fila e, provavelmente, irão sair também dessa fila antes de chegar a sua vez.

   Existem pessoas que passam a vida a entrar e a sair de filas, sem nunca comer. Há igualmente uma fila para a escada da independência financeira e a maior parte de nós não entra sequer nessa fila.

2. A segunda lição que temos de retirar do "pronto a comer" é: "Fique na fila!" Não se pode esperar qualquer coisa, como riqueza ou independência financeira, de uma forma fácil. Devemos aprender com Buckminster Fuller, um visionário que recebeu 47 doutoramentos *honoris causa* pelos contributos que projetou para a humanidade após se ter encontrado falido e à beira do suicídio, e perceber que vivemos a um determinado nível de consciência e, quando experimentamos algo novo, normalmente, há um retrocesso.

Quando temos a capacidade de aprender com o erro, passamos a um outro nível de consciência.

A maior parte das pessoas falha uma vez e não quer aprender, auto-condenam-se a ficar onde estão, sem tirar qualquer lição dos erros ou repetindo-os.

Sem erros, sem obstáculos, não há crescimento. Aquilo que normalmente consideramos problemas são os degraus que nos permitem subir a escada do aperfeiçoamento, em qualquer dimensão humana.

O grande desafio consiste no facto de os nossos problemas de hoje não serem os mesmos de há 10 anos. Isto significaria que não tirámos qualquer lição da vida. Aplicar estas regras à independência financeira consiste em ficar na fila até a capitalização funcionar. Nada virá fácil nem rapidamente: há que permanecer na fila até começarem a aparecer os resultados.

3. A terceira regra do "pronto a comer" é: escolha apenas o que lhe convém. Num pronto a comer, às vezes levamos coisas que não são boas para nós porque não resistimos. No caminho para a nossa independência financeira, também nos cruzamos com várias tentações de consumo e gratificação imediata, que têm um efeito negativo decisivo no progresso do nosso património líquido.

4. Por último, temos a quarta regra, que já foi referida: "Primeiro pague e depois coma!" As dívidas do nosso cartão de crédito, do crédito à habitação, da prestação do carro… não são senão estar a comer antes de pagar. Ou seja, para usufruir de determinados bens materiais e de um determinado estilo de vida, temos antes de construir condições para isso, através dos ensinamentos deste livro.

Um dos estrangulamentos que a classe média cria neste processo é o de querer beneficiar das recompensas antes de ter feito o trabalho de criar a riqueza, ou seja, quer comer antes de pagar!

A capitalização não deve ser vista apenas numa dimensão positiva. Também devemos equacioná-la de um ponto de vista negativo. Quando temos dívida, além dos juros e juros sobre juros que fazem crescer exponencialmente a dívida, há ainda que ter em conta o custo da oportunidade. O dinheiro que se gasta não é investido. Se pensarmos, por exemplo, nos juros dos cartões de crédito, estes traduzem-se numa enorme capitalização negativa por estarmos a comer antes de pagar.

4.º PRINCÍPIO

Eliminar a Dívida

Os juros sobre juros, que no capítulo anterior reconhecemos como a mais poderosa fórmula que existe e um auxiliar precioso na formação da nossa riqueza, são o problema maior da nossa dívida.

> O problema maior da dívida é a capitalização negativa: os juros sobre juros.

Na verdade, aquilo que acontece quando o nosso rendimento resulta de um salário é que até maio/junho nos limitamos a trabalhar para pagar os impostos (trabalhamos para o Estado); depois, caso tenhamos dívidas com a hipoteca da habitação, créditos para automóvel e cartões de crédito, por exemplo, trabalhamos mais uns meses para pagar essas dívidas (trabalhamos para o banco) e, talvez, lá para o fim do ano, nos sobrem uns meses para trabalhar para nós.

Não quero com isto afirmar que não seja justo pagar os impostos. Temos de contribuir para a vida em sociedade, já que é viver em comunidade que nos permite usufruir de muitas regalias, ser verdadeiramente humanos e progredir como tal. Mas se for possível reduzir o tempo que trabalhamos para o Estado e aumentar o tempo que trabalhamos para nós, isso será um incentivo para trabalharmos mais e contribuirmos para a humanidade de outra maneira e livremente, contribuirmos como desejamos, resultando da nossa vontade, e, sem dúvida, ajudarmos mais pessoas de uma forma mais equilibrada e justa do que por vezes fazem alguns políticos.

Existem diferentes sistemas de eliminação da dívida, mas alguns produzem ainda maior dívida num prazo alargado, continuando a aumentar os juros sobre juros.

É o caso da consolidação do crédito, em que se aumentam os anos para pagar e, por vezes, com uma taxa de juro mais elevada. Apesar de esta solução, de imediato, se apresentar como um grande alívio financeiro, iremos acabar por pagar um valor muito mais elevado. Esta atitude transforma a nossa dívida num buraco ainda maior, devido à capitalização negativa.

Imagine a narrativa de PongLo e do grão de arroz ao contrário e que o gráfico da capitalização, em vez de ser de acumulação de riqueza, se transforma na Figura 15, das despesas relacionadas com a dívida e os seus juros. Esta figura é a mesma, só que agora está a jogar contra nós e não a nosso favor.

Fig. 15: **Curva de massa critica aplicada à dívida.**

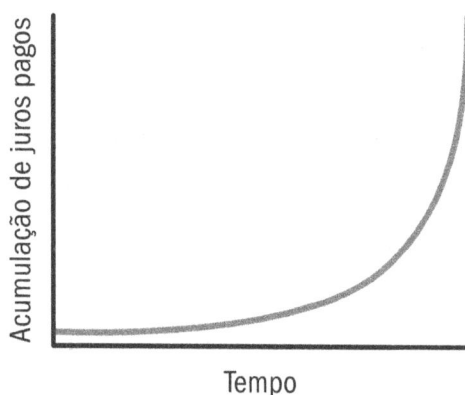

Fonte: Autor.

Por isso, manter ou aumentar os níveis de dívida funciona, do ponto de vista do nosso património individual, como um aspirador de recursos.

A potência aumenta exponencialmente à medida que a dívida aumenta e que nos impede de criar o património líquido de que tanto necessitamos para a nossa independência financeira.

Lembre-se de que o que distingue os ricos das pessoas de classe média é, essencialmente, que enquanto os primeiros compram ativos que geram retorno, os segundos criam dívida que gera despesas.

Mas afinal como é que consigo eliminar a dívida?

O sistema que sugiro consiste em assumir um comportamento diferente, passando a cortar nas despesas, aquilo que, em linguagem popular, se designa "apertar o cinto".

A primeira atitude para conseguirmos eliminar rapidamente a nossa dívida consiste em parar de contrair empréstimos, ou seja, a nossa regra de ouro quando se trata da dívida é a seguinte:

> **CHAVE DE OURO**
> Se está num buraco, pare de cavar!

É muito fácil ao ser humano usar a sua criatividade para encontrar justificações para os seus erros. Mesmo sabendo que não devemos comprar com dívida, podemos sempre arranjar justificações para o efeito: poderemos pensar que se mudámos para um emprego novo, precisamos de fatos novos para ir trabalhar com outra apresentação ou de um carro que faça aumentar a perceção do nosso estatuto e valor e, claro está, podemos sempre usar o nosso cartão de crédito ou o novo crédito que nos ofereceram para o fazer.

Descobriremos, se fizermos as contas, que pagámos os fatos ou o carro muitas vezes e não nos conseguimos livrar facilmente dessa obrigação. Daí a regra de ouro dever ser algo incontornável.

> Se estamos num buraco e continuamos a cavar, chegaremos a uma situação insustentável.

Tenhamos em conta o exemplo da Tabela 5 para analisarmos a forma mais rápida e eficaz de eliminar a nossa dívida.

Tabela 5: **Sistema de liquidação de dívida.**

1	2	3	4	5	6	7
Dívida	Total da dívida	Pagamento mínimo mensal	N.º de meses para pagar (coluna 2 / 3)	Prioridade	Factor de aceleração + pagamento mensal	N.º de meses para saldar a dívida (coluna 2 / 6)
Casa	145 000	1000	145	7	1000 + 2460	42
1.º carro	12 500	700	18	4	700 + 1490	6
2.º carro	3000	120	25	5	120 + 2190	2
Crédito ao consumo	13 500	150	90	6	150 + 2310	6
Visa	3300	650	5	1	650 + 500	3
Mastercard	1600	240	7	2	240 + 1150	2
Cartão do supermercado	1100	100	11	3	100 + 1390	1
Totais	180 000	2960				62
			Independentemente da taxa de juro		Acel. base = = €500	

Fonte: Autor.

Imaginemos que devemos: 145 000 euros da casa, 12 500 euros de um dos carros, 3000 euros do segundo carro, 13 500 euros de um empréstimo ao consumo, que serviu, entre outras coisas, para rechear a casa, 3300 euros do cartão Visa, 1600 euros do Mastercard e, ainda, 1100 euros do cartão do supermercado.

O total da dívida é de 180 000 euros.

Se atentarmos na coluna 3, encontramos aí o pagamento mínimo mensal desta dívida. Por mês, acabamos por pagar 2960 euros.

Note-se que esta tabela está bastante simplificada, pois aquilo que se pretende é que se perceba o sistema. Se as contas fossem pormenorizadas, o sistema seria ainda mais favorável para o devedor: se fosse esta a nossa dívida e seguíssemos estes passos, o resultado final seria muito melhor do que o que aqui é apresentado, pois nesta tabela não são contabilizados os juros nem os meses que entretanto irão passando. No entanto, mesmo assim, veremos como se consegue rapidamente eliminar algo que parecia um obstáculo intransponível e nos poderia conduzir à paralisação.

Vamos simular quantos meses são necessários para eliminar esta dívida. Na coluna 4, podemos ver a divisão do valor de cada dívida pelos pagamentos mensais. Neste caso, precisar-se-ia de 145 meses para a dívida da casa, 18 para o primeiro carro, 25 para o segundo carro, 90 para o crédito pessoal, cinco para o cartão Visa, sete para o Mastercard e 11 para o cartão do supermercado.

Aquilo que proponho que seja feito é estabelecer uma ordem de prioridades. Qual será a dívida que devemos eliminar primeiro? A não ser que tenhamos diferenças de taxas de juro significativas, o que nos levaria a pagar primeiro a dívida com a taxa mais elevada, devemos começar por eliminar a dívida mais rápida de liquidar.

Assim, neste exemplo, a dívida mais rápida de desaparecer é a do Visa e a segunda a do Mastercard; a terceira será a do supermercado, a quarta a do primeiro carro, a quinta a do segundo carro, a sexta a do crédito pessoal e a última a da hipoteca da casa.

Para eliminar a dívida o mais rapidamente possível, é essencial criar o que chamo fator de aceleração, ou seja, deverá encontrar um valor que não esteja a ser alocado a pagar a dívida e que será usado agora. Temos de encontrar forma de arranjar este montante.

Para isso, há duas hipóteses:

1. A primeira consiste em selecionarmos uma percentagem do que ganhamos (10%, por exemplo) e, em vez de a colocarmos na nossa poupança, iremos usar esse montante para ajudar a eliminar a dívida. Isto porque dificilmente conseguiremos uma rentabilidade na nossa poupança a um ritmo superior ao da dívida. Daí ser aconselhável eliminar a dívida primeiro.

2. A segunda hipótese trata-se de arranjar um *part-time*. Muitos leitores pensarão que nem emprego para *full-time* existe. No entanto, podemos sempre aprender a vender com qualidade. Se o fizermos, até estaremos à frente de muitos profissionais. Aprofundaremos esta sugestão e as suas virtualidades, no 6.° princípio em vendas. Há sempre quem nos dê trabalho e qualquer um de nós pode aprender a fazê-lo.

Para este exemplo, foi simulado um acelerador de 500 euros.

Um acelerador significativo, que não sabemos se poderá concretizar, mas o que é crucial ser entendido é a mecânica do sistema.

A nossa prestação inicial que terminava mais cedo (a do Visa) era de 650 euros. Ora, com o nosso fator de aceleração, iremos somar 500 euros aos 650 que já pagávamos e, em vez de estarmos a pagar a dívida com o valor de 650 euros por mês começamos a pagá-la com 1150 euros. Neste caso, em vez de levarmos cinco meses a eliminá-la, iremos levar apenas três meses. Quando terminarmos de pagar esta dívida, passaremos a libertar dos encargos mensais 1150 euros para aplicar à segunda prioridade. Tratando-se de uma dívida de 1600 euros, de repente, passamos a ter disponíveis 1390 euros, que nos permitem liquidar a nossa segunda dívida em dois meses.

Segue-se o cartão do supermercado, com 1390 euros mais os 100 que já usava para o seu pagamento mensal. Se pagarmos esta dívida com 1490 euros por mês, levamos apenas um mês a liquidá-la.

O raciocínio será sempre o mesmo.

Assim, na quarta dívida, vamos estar a libertar 2190 euros e em mais seis meses conseguimos liquidá-la.

Na quinta, já temos livres 2310: em dois meses, cancelamos a dívida e podemos dedicar-nos à sexta prioridade, com 2460 euros. Com este montante, levamos seis meses a pagar esta dívida e passamos à nossa última dívida (a hipoteca da casa, que supostamente terá o juro mais baixo) com uma capacidade de 3460 euros mensais. Levaremos 42 meses a eliminá-la totalmente.

Em síntese, se fizermos uma soma total, em 62 meses (um pouco mais de cinco anos) eliminamos totalmente a nossa dívida.

Há ainda a ter em conta que estamos a admitir que não parámos de cavar. No entanto, nunca deveríamos perder de vista esta regra de ouro: "Se está num buraco, pare de cavar!" Se assim fizéssemos, levaríamos ainda menos tempo a eliminar a dívida.

Aplique agora o sistema ao seu caso pessoal, se disso necessitar, preenchendo a Tabela 6:

1. Faça uma lista detalhada das suas despesas (necessidades vs. desejos);
2. Estabeleça o "acelerador" (10% do rendimento);
3. Faça uma lista de todas as dívidas, saldos e pagamentos mínimos mensais;
4. Calcule o balanço da dívida, pelo pagamento mínimo mensal (saldo da dívida dividido pelo pagamento mínimo mensal);
5. Priorize do menos para o mais;
6. Liquide o pagamento mensal #1 + acelerador de base;
7. Liquide o pagamento mensal #2 + #1 + acelerador de base;
8. Faça os pagamentos mínimos mensais, somando sempre o acelerador da dívida;
9. Liquide a dívida – Invista!

Ao eliminar a dívida, pode usar todo o dinheiro que pagava mais o acelerador, ou pelo menos este último, para criar a massa crítica para a sua independência financeira.

Tabela 6: **Exercício de liquidação de dívida.**

1	2	3	4	5	6	7
Dívida	Total da dívida	Pagamento mínimo mensal	N.º de meses para pagar (coluna 2 / 3)	Prioridade	Factor de aceleração + pagamento mensal	N.º de meses para saldar a dívida (coluna 2 / 6)
			Independentemente da taxa de juro		Acel. base = = € _____	

Fonte: Autor.

5.º PRINCÍPIO

Controlar Energicamente os Custos

A lei de Parkinson, aplicada às finanças pessoais, revela-nos que os gastos aumentam de modo a absorver todo o dinheiro que entra nas nossas vidas.

Dizendo de outro modo: as nossas despesas crescem na direta proporção das nossas receitas.

> Daí ser imprescindível manter as despesas dentro de limites muito rigorosos e abaixo do que ganhamos.

As nossas despesas têm de se manter abaixo das nossas receitas.

Este é o 5.º princípio que, se for cuidadosamente tido em conta no nosso dia a dia, será determinante na caminhada em direção à independência financeira. Seguir esta regra é exatamente o oposto daquilo que as pessoas comummente designam de "chapa ganha, chapa gasta".

Estudos recentes sobre o consumo e a relação deste com a felicidade concluíram que o consumo visível, aquele que diz respeito a bens que os que nos rodeiam reconhecem como sinais de sucesso, é muito idêntico, na sua lógica, à corrida ao armamento. É feito em função do que o outro faz ou ganha e não do que necessitamos realmente.

Na verdade, a posição relativa vale mais para as pessoas do que aquilo que ganham. O que importa não é a qualidade do que se possui, mas, muitas vezes, impressionar os outros, ter mais do que os vizinhos.

Provavelmente por isso, a maior parte das pessoas prefere parecer rico do que ser rico, ou seja, viver como um rico, apesar de não possuir rendimentos que sustentem esse estilo de vida. Mas esta opção não pode ser mantida por muito tempo, porque não tem uma base sólida de sustentação.

> Se o nosso objetivo é alcançar a independência financeira numa vida longa e eticamente responsável, o caminho a percorrer passa por orçamentar e manter as despesas seriamente sob controlo.

Independentemente dos nossos ganhos, temos de conter os gastos.

Não perdendo de vista a lei de Parkinson, a primeira tarefa a realizar consiste em ter uma perceção real das nossas despesas. Comece por fazer uma lista das suas despesas habituais.

Alimentação _____

Casa (renda/hipoteca) _____

Eletricidade/Água/Gás _____

TV/Impostos/Carro (limpeza, oficina, combustível) _____

Seguros/Transportes _____

Saúde _____

Vestuário _____

Forma física _____

Estética _____

Educação _____

Lazer _____

Vícios _____

Sugiro, agora, que faça uma análise dessas despesas no sentido de procurar reduzir pelo menos 10% em cada uma das áreas. A sua primeira reação poderá ser negativa, mas se pensar que poderia ter de pagar um novo imposto ou ter um corte no orçamento por motivos que o ultrapassam e que certamente iria resolver a situação e até aprender a conviver com ela sem grandes ajustamentos no nível de vida, verá esta solução com outro ânimo, uma vez que se trata de uma opção pessoal e não de algo alheio à sua vontade.

Procuremos fazer uma análise cuidada de cada um destes aspetos, no sentido de ver se o poderíamos realizar sem alterar a qualidade de vida. Vamos deter-nos apenas em algumas áreas, a título exemplificativo e no sentido de dar algumas sugestões, que já experimentei e testemunho serem muito mais fáceis de concretizar do que possa parecer à primeira vista.

Iniciemos pela alimentação. A questão essencial que se poderá colocar neste âmbito é se não haverá possibilidade de poupar 10% nos gastos com a alimentação, conseguindo comer de forma mais saudável, equilibrada e com prazer. Gastar muito dinheiro em alimentação nem sempre é sinónimo de comer bem do ponto de vista nutritivo. Se seguir um plano saudável de regras alimentares e se o tiver sempre presente, quer quando vai comer ao restaurante quer no supermercado, provavelmente as despesas com a alimentação irão diminuir, enquanto a qualidade de vida e a saúde irão aumentar.

No que respeita à habitação, pode procurar uma casa diferente. Se tiver casa própria e a conjuntura for adequada, ou seja, se o mercado estiver a subir, pode tentar renegociar os juros das prestações com o banco. Caso contrário, e se o mercado imobiliário estiver em descida, pode vender a sua casa e encontrar outra tão boa ou melhor por um preço mais adequado. Pode até ponderar um arrendamento, que, do ponto de vista puramente financeiro, é em geral uma melhor decisão do que a aquisição.

Por outro lado, se pagar uma renda e for um inquilino responsável, que pague atempadamente, o senhorio talvez não se importe de reduzir o valor para manter a casa arrendada a alguém com quem sabe que pode contar. Em alternativa, poderá procurar casas cuja renda seja menor, por vezes até com melhores condições do que aquela em que se encontra. Talvez até mais perto do emprego ou da escola dos seus filhos, levando a que haja uma redução nas despesas em transportes.

Se nos centrarmos nas despesas da casa e fizermos uma análise rigorosa, será fácil conseguir uma poupança mensal mais elevada do que os 10%, alterando tarifários, lâmpadas, analisando se os novos clientes de serviços (como a televisão) não estarão a pagar menos pelo mesmo serviço que adjudicámos há anos, sem nunca mais pensar no assunto, e pesquisando concorrentes dos nossos fornecedores habituais.

Por exemplo, renegociar a tarifa da eletricidade pode revelar-se uma surpresa. E nem sequer será necessário mudar de empresa. Basta, na maior parte dos casos, darmo-nos ao trabalho de renegociar com o nosso fornecedor atual e escolher o melhor pacote para as nossas efetivas necessidades de consumo. Muitas vezes, estamos a pagar algo que não corresponde exatamente ao que precisamos. No entanto, não devemos deixar de fora nesta ponderação os demais concorrentes do mercado, que ficariam encantados por ter um novo cliente, oferecendo muitas vezes uma vantagem de 10% ou mais.

Outro exemplo é o caso dos telefones: adaptar o tarifário do nosso telefone ao consumo que temos não nos ajudará facilmente a poupar 10%, mesmo sem mudar de operadora? E, caso seja preciso mudar, não conseguiremos uma negociação ainda mais vantajosa?

É possível retirar facilmente também 10% ao que gastamos em seguros todos os anos. Bastará consultar diversos mediadores e pedir uma cotação para os nossos diferentes seguros. Se negociarmos um pacote, juntando todos os seguros (habitação, automóvel, recheio, saúde...), certamente ainda conseguiremos uma percentagem de abatimento maior do que os 10%.

No que diz respeito aos transportes, poderemos ser mais cuidadosos na manutenção dos nossos carros para não precisarmos de gastar dinheiro na oficina, procurar centros de lavagem mais económicos ou fazermos nós próprios a sua limpeza.

Talvez possamos andar mais a pé ou de transportes públicos, começar a usar um combustível mais económico, *low-cost*, ou ainda otimizar o uso do nosso carro.

Podemos seguramente gastar menos 10% na saúde, otimizando os programas de saúde. Por outro lado, se cuidarmos mais da alimentação e procurarmos estar em boa forma física, provavelmente seremos mais saudáveis e gastaremos menos nessa área.

Tal como na alimentação, na casa, nos transportes e na saúde, poderemos poupar no lazer, aumentando a qualidade de vida. Basta perceber exatamente o que nos dá mais prazer e ser mais cuidadosos nas escolhas para, com muito menos dinheiro gasto, nos divertirmos mais. A maior parte das atividades que as pessoas consideram inesquecíveis, concluíram estudos no âmbito da psicologia, são experiências nas quais há relações interpessoais e não o prazer retirado de atividades de consumo ou que apenas tenham em vista impressionar os outros.

Além de todas as áreas anteriormente referidas, não devemos esquecer os sistemas de otimização fiscal, através dos quais poderemos pagar menos impostos. Existem mesmo gestores e contabilistas que ganham a vida a explicar formas de se conseguir otimizações fiscais, o que indicia que esta é uma boa possibilidade de redução de gastos. Se for possível alterar a nossa estrutura fiscal de particular para a de empresário, esta alteração leva de imediato a que passemos a pagar impostos sobre lucros e não sobre salários, o que constitui uma vantagem, já anteriormente analisada.

No que diz respeito aos vícios, a despesa deverá ser completamente erradicada. Se são vícios, só faremos bem em eliminá-los.

Centremo-nos nesta área da nossa vida: algo tão simples como deixar de fumar ou tomar dois cafés por dia poderá traduzir-se numa poupança de 150 euros por mês. Ou seja, os 5 euros que podemos poupar diariamente em consumos que ainda por cima não são saudáveis podem traduzir-se em 1 milhão de euros ao fim de 40 anos.

No entanto, muito de nós, em vez de poupar mensalmente um montante fixo, deixando de consumir cafés e tabaco, junta a estas despesas um gasto acrescido, jogando na lotaria ou no Euromilhões. Isto mesmo sabendo que a probabilidade de ganhar é ínfima e a tender para nula.

Há ações com uma probabilidade de êxito elevada, mas há outras que, consabidamente, não são opções com garantias. Por exemplo, se semear um campo, são elevadíssimas as probabilidades de vir a ter uma boa colheita. Por outro lado, jogar no Euromilhões ou no casino e ganhar é tão provável como um raio cair duas vezes no mesmo lugar. Ou seja, estatisticamente, este fenómeno "tende para zero", o que significa que a probabilidade de ganhar jogando é a mesma que a probabilidade de ganhar não jogando. Se alguém ganha no casino, por exemplo, basta ir lá um determinado número de vezes para perder tudo o que ganhou. Se assim não fosse, os casinos não manteriam as suas portas abertas, pois o negócio não seria rentável.

A opção que neste livro se apresenta é enfrentar realisticamente a lei de Parkinson e reduzir 10% em cada área de despesas. Se for feita uma análise criteriosa e um estudo exaustivo, encontrar-se-ão alternativas para atingir este objetivo sem diminuir a qualidade de vida. Na proposta aqui apresentada, não é suposto fazer enormes sacrifícios e perder qualidade de vida. Trata-se, na maior parte dos casos, de ser apenas um pouco mais cuidadoso com as despesas, de não ser displicente com o dinheiro.

Ora, se esse dinheiro for usado para pagar a nossa dívida ou para iniciar a nossa poupança, quase de um dia para o outro, poderemos alterar o caminho da nossa vida financeira. Esta análise criteriosa na tentativa de reduzir 10% nas despesas não deverá ser feita uma só vez, mas sim regularmente. Pelo menos de seis em seis meses. E isto poderá e deverá ser feito também nas empresas, sobretudo quando os lucros não são tão fáceis de atingir, ou seja, em momentos em que "a maré está a descer".

Encontramo-nos perante outra chave de ouro da independência financeira.

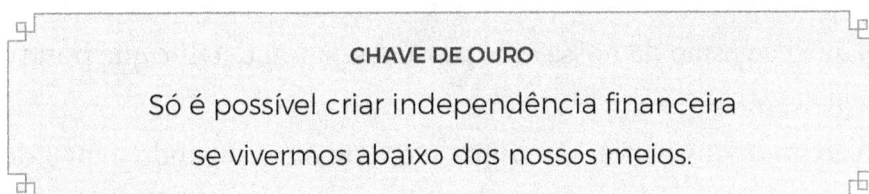

> **CHAVE DE OURO**
> Só é possível criar independência financeira
> se vivermos abaixo dos nossos meios.

Se o nosso objetivo, em *O Mapa da Independência Financeira*, é criar património líquido, significa que os nossos ativos terão de exceder os nossos passivos.

Se ganharmos 1000 euros por mês e gastarmos 1000 euros, estamos a viver em linha com os nossos meios e, deste modo, será impossível criar uma poupança. Podemos gastar 900 sem que isso faça diferença significativa na nossa qualidade de vida. E se ganharmos 1000 e gastarmos apenas 800, isso até poderá não fazer uma enorme diferença no nosso estilo de vida hoje, sendo, todavia, muito significativo na qualidade de vida que poderemos ter na altura da nossa reforma.

Na verdade, se pouparmos 200 euros por mês ao longo de 30 ou 40 anos e soubermos investir esse dinheiro, teremos uma reforma milionária sem termos prescindido de nada de fundamental no nosso dia a dia. Mas se gastarmos tudo o que temos, é muito natural que nem nos apercebamos do que tivemos e a nossa situação na velhice poderá ser extremamente frágil do ponto de vista financeiro, o que a acrescer à fragilidade natural da terceira idade se poderá traduzir numa situação dramática.

É fácil justificar gastar tudo o ganhamos dizendo que é melhor "viver a vida" do que estar a pensar num futuro que pode nunca chegar. É preciso partir do princípio que todos desejamos uma vida longa e que sentirmo-nos seguros e protegidos do ponto de vista financeiro é um dos fatores básicos para nos livrar dos medos e das angústias no caminho para vivermos mais felizes.

A falta de dinheiro tem sido identificada por vários psicólogos como motivo de grande tensão, que resulta muitas vezes em patologias de várias ordens e na destruição de muitas relações. Não nos parece, por isso, que na gestão da nossa vida pessoal seja um detalhe que possamos negligenciar.

Não podemos perder de vista a regra de ouro segundo a qual devemos gastar menos do que o que ganhamos. Na realidade, é muito fácil ganharmos 1000 euros por mês e gastarmos inadvertidamente um pouco acima dos meios e só reparar quando o buraco é visível, ou seja, demasiado grande. Não há como criar qualquer tipo de riqueza, um excedente, vivendo em linha com os nossos meios. Daí a regra de ouro afirmar que devemos viver abaixo dos nossos meios.

Faça todos os meses uma poupança mínima:

Mês de _____

Total despesas: _____

Total rendimento: _____

Poupança: _____

Aquilo que muitos fazem é viver acima dos seus meios. O mesmo pode acontecer ao país ou à comunidade a que pertencemos. Se governarmos o nosso país com a já referida mentalidade de classe média, cometemos erros como grupo, mesmo não sendo com má intenção. Temos de refletir sobre as nossas opções a nível financeiro, quer como indivíduos quer como grupo ou como país.

O certo é que estas leis económicas funcionam independentemente de as conhecermos e é preciso informarmo-nos, em vez de nos deixarmos guiar pelos outros, sejam eles políticos ou amigos, sobretudo se os seus resultados visíveis não são os melhores.

É frequente pensarmos que as coisas negativas, como o sofrimento que as dívidas provocam ou o desespero de não termos dinheiro para fazer face às despesas de sobrevivência ou de segurança, não acontecem às pessoas boas.

No nosso imaginário coletivo, e recorrendo à história, por todos conhecida, dos três porquinhos, o lobo mau apenas ataca os porquinhos malcomportados, ou seja, intrinsecamente maus. Por conseguinte, estamos a salvo se forem boas as nossas intenções.

Mas se refletirmos mais profundamente sobre esta história popular, anterior ao século XVIII, será que podemos dizer que entre os três porquinhos havia algum intencionalmente mau?

Recordemos que o primeiro porquinho fez uma casa de palha enquanto o segundo fez uma casa de madeira e, depois, foram brincar porque eram porquinhos muito divertidos. Enquanto se divertiam, o terceiro porquinho fez uma casa de tijolo e cimento, preocupando-se com a segurança e prescindindo do prazer imediato. No entanto, quando apareceu o lobo mau, ou seja, quando o vento desfavorável soprou, a casa de palha e a casa de madeira voaram, deixando os primeiros porquinhos à mercê das adversidades e do lobo, enquanto o terceiro porquinho vivia tranquilamente, sem sobressaltos.

Pode afirmar-se que os dois primeiros porquinhos não eram íntegros? Será que não eram até mais sedutores e simpáticos do que o terceiro?

Certamente, o único erro foi terem-se descuidado a fazer a casa, o que não me parece que seja motivo para a consequência violenta da história, terminarem comidos pelo lobo mau.

A história dos três porquinhos pode recordar-nos que a vida também pode correr mal às pessoas boas, íntegras e simpáticas. Basta serem displicentes com as despesas, descuidadas e gastar acima dos seus meios.

Se não criarmos pressão constante com as despesas, é muito fácil que cresçam na direta proporção dos ganhos, como nos ensinou o brilhante estudioso Cyril Northcote Parkinson. Ora, se isto acontecer, não conseguiremos gerar um excedente que nos permita criar riqueza. A lei de

Parkinson, aplicada às finanças, como a lei da gravidade, a lei da causalidade e as restantes leis universais, é incontornável. E, segundo esta, <u>cada vez que não exercermos um controlo rigoroso sobre os custos, estes irão subir na direta proporção das receitas.</u>

A seguir vamos analisar como podemos construir várias fontes de rendimento.

Construir Várias Fontes de Rendimento

A maior parte de nós tem uma única fonte de rendimento: o seu salário. Para que uma poupança, construída apenas por acumulação, ao longo do tempo, de uma parte do nosso salário, nos permitisse atingir a independência financeira, precisaríamos de um salário milionário e de uma vida frugal.

> Só com uma fonte de rendimento dificilmente atingiríamos esse objetivo. Mas se a um salário juntarmos outras fontes de rendimento e se formos disciplinados e cuidadosos na gestão do dinheiro, poderemos ter uma reforma milionária.

Temos, ainda, a possibilidade de subir o nível, de acordo com a nossa exigência e expetativa financeira, criando uma alavanca que nos permita aumentar exponencialmente a nossa capacidade de poupança. Daí resultará um aumento dos nossos investimentos e, consequentemente, o aumento da capitalização dos nossos recursos.

Alavancar as nossas finanças implica apenas criar uma (ou várias) fonte(s) de receita adicional(ais) ao nosso salário.

Quanto mais fontes de rendimento tivermos, maior será a capacidade de alimentar o efeito da nossa capitalização.

O pior é que a maior parte de nós acaba por se acomodar a uma única fonte de rendimento, o salário, e nem sequer é capaz de reconhecer alternativas e possibilidades.

Vamos debruçar-nos (Figura 16) sobre as múltiplas possibilidades de rendimento que nos são oferecidas, além do salário:

Fig. 16: **Múltiplas possibilidades de rendimento.**

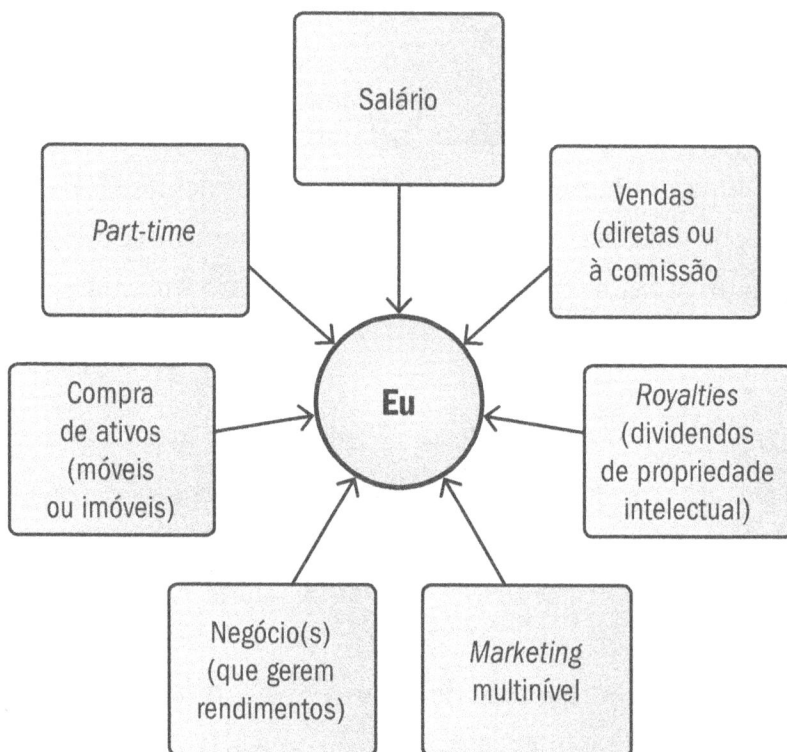

Fonte: Autor.

Part-time:

Imagine o seguinte cenário, supondo que a nossa fonte de rendimento base é o nosso salário, que tem origem num trabalho em *full-time*, que nos permite pagar todas as despesas correntes do nosso agregado familiar. Poderemos, ainda, encontrar duas a quatro horas em cada dia, ou no fim de semana, para dedicar a outra atividade.

Assim, o fruto deste trabalho em *part-time* poderá ser totalmente investido na nossa poupança. Passaria a ser este o dinheiro sobre o qual se exerceria a capitalização.

Um *part-time* pode fazer toda a diferença nas nossas finanças. Daí Jim Rohn repetir com frequência nas suas palestras de desenvolvimento pessoal e acerca dos modos de fazer fortuna que o *part-time* é algo mágico nas nossas vidas.

Apesar de muitos considerarem que o retorno de aumentar um pouco os seus rendimentos através de um *part-time* não altera significativamente as suas vidas, se colocarmos a hipótese de ganharmos 200 euros por mês e os pusermos a capitalizar a 10% durante 30 anos, esta opção constituirá a diferença entre viver uma velhice dependente ou ter um fim de vida tranquilo e abundante, com uma reforma milionária.

Além disso, o nosso *part-time* poderá render-nos muito mais do que 200 euros.

Vendas (diretas ou à comissão)

Se for em vendas, à comissão, por exemplo, poderemos conseguir montantes bem mais elevados. Poderemos até ganhar mais dinheiro no nosso *part-time* do que o que ganhamos na nossa atividade principal. Imaginemos a venda de um produto de uso doméstico, de que existem vários exemplos concretos, como um robô de cozinha ou um aspirador. Se fizer uma apresentação em cada fim de semana e em cada quatro apresentações conseguir uma venda, poderá vir a conseguir uma percentagem interessante para a sua poupança.

Embora muitas pessoas afirmem que não têm qualquer competência para vender, a verdade é que, tal como outras capacidades, ser um excelente comercial é algo que se aprende e desenvolve com treino e determinação. Qualquer pessoa pode aprender a vender.

Para tal, bastará comprar um bom livro de vendas e posicionar-se de imediato entre os 10% dos comerciais mais bem preparados do mercado. Isto porque a maior parte dos vendedores (cerca de 90%) não se preocupa com a sua formação e estima-se que nunca tenham lido um livro de vendas.

> A profissão de comercial é muito rentável para alguém que sabe vender.

É entusiasmante se tivermos em mente que iremos trabalhar algumas horas na nossa independência financeira, ou, sendo mais ousados, na nossa fortuna.

Resumidamente: estaremos a trabalhar para alcançar um estilo de vida de sonho, aquele que sempre quisemos ter, com o qual sonhámos quando éramos jovens ousados, muitas das vezes. Eis a magia do *part-time*!

Compra de ativos (móveis ou imóveis)

Além de arranjar uma atividade complementar da principal, há outras fontes de rendimento alternativas, como a criação de um ou vários negócios e a compra de ativos (móveis ou imóveis) que gerem rendimentos.

Royalties

Poderemos também criar uma receita adicional através de *royalties*. Esta é a alternativa financeiramente mais inteligente, pois faz-se o trabalho uma vez e é-se pago para sempre, pelos direitos de propriedade intelectual. Os *royalties*, ou direitos de autor, são rendimentos que resultam de uma criação que proporciona valor aos outros, como por exemplo a divulgação de uma ideia, a escrita de um livro, uma descoberta de caráter científico, como um medicamento, a criação de um negócio, como a invenção de um produto ou de um negócio do qual resulta um *franchising*. Enquanto esta produção for vendável, o autor estará sempre a receber direitos.

Marketing multinível

Outra das fontes de rendimento referida no nosso esquema inicial é o *marketing* multinível. É apresentado por último, não por ser o menos importante, mas justamente pelo oposto. Consiste num dos sistemas de negócio mais alavancados, pois uma venda não exige um esforço direto. É um sistema em que rapidamente se consegue ganhar somas elevadas de dinheiro com muito pouco esforço direto e investimento.

Esforço que se traduz em horas de trabalho. Muitas pessoas têm uma ideia negativa em relação ao sistema multinível, mas este poderá considerar-se o negócio da abundância, da multiplicação, por contraposição ao modelo clássico, tradicional, que muitas vezes é apresentado como o modelo da escassez.

Quem entra no multinível é remunerado não por vender diretamente um determinado produto, mas por recrutar, treinar e liderar pessoas que irão, elas próprias, consumir e vender esse produto ou pessoas que se tornam também recrutadores, formadores e líderes de outros.

Daí Robert Kiyosaki, um dos maiores especialistas mundiais de finanças pessoais e autor do *best-seller Pai Rico, Pai Pobre*, dizer que "as pessoas ricas constroem redes, enquanto todos os outros se matam a trabalhar".

Assim, e dada a especificidade deste negócio, num sistema de multinível, podemos em três semanas ter 50 pessoas a trabalhar para nós; em três meses, 500 pessoas; num ano, poderemos ter 5000 pessoas a trabalhar para nós… ganhando uma parte de tudo aquilo que elas faturam. E o investimento poderá ter sido um valor irrelevante, muito próximo de zero. Por isso, pode afirmar-se que não há nenhum negócio mais alavancado do que este.

O multinível, na sua essência, é uma venda por referência, um *marketing* de relação, que entrega a margem, tradicionalmente dividida entre a comunicação e a distribuição, a um consumidor satisfeito que, por sua vez, recomenda o produto a outro consumidor. Hoje em dia, com a profusão da imagem, geradora de imenso ruído comunicacional, e a descrença na publicidade tradicional, o *marketing* que se tem revelado mais eficaz é o relacional. É o passa-palavra ou *marketing* de referência. O que funciona é o consumidor satisfeito que passa o seu testemunho acerca do produto às pessoas das suas relações.

O *marketing* multinível é um meio de alavancar o *marketing* de referência. As suas potencialidades são impressionantes e dependem em grande parte da compreensão daquilo em que o sistema consiste: é, como foi anteriormente referido um trabalho de recrutamento, formação e liderança de pessoas.

As possibilidades do *marketing* multinível não têm limites e há pessoas a ganhar 5000 euros numa semana ou 20 mil euros num mês, após seis meses de se terem iniciado na rede, ou ainda 50 mil euros em 10 meses, chegando a fazer milhões, sem nunca terem feito nenhum investimento significativo e sem possuírem qualquer formação avançada. Não há nenhum outro conceito de negócio como este.

É evidente que, como em todas as áreas, podemos correr o risco de nos depararmos com negócios fraudulentos. Para minimizar os riscos, devemos realizar uma análise criteriosa e informarmo-nos bem antes de fazermos a nossa opção por uma rede concreta. Há diversas empresas multinível com provas dadas. Algumas com mais de 100 anos e outras até cotadas em bolsa e apresentando, de forma consistente, ótimos resultados.

Deixarei aqui algumas recomendações que ajudarão a formular critérios de ponderação. Deve escolher-se:

- Uma rede com um excelente produto. Não há nenhuma rede multinível que sobreviva por um longo tempo sem um grande produto, de qualidade inquestionável e que traga benefício significativo a um determinado nicho de mercado;

- Uma rede com um produto que tenha uma vantagem competitiva sustentável, isto é, um produto que não seja passível de ser facilmente replicado pela concorrência. Se os produtos são reproduzidos pela concorrência, os preços terão necessariamente de ser ajustados com frequência, como acontece, por exemplo, com produtos tecnológicos. Ora, isto traduz-se em comissões mais baixas na rede e dificilmente um sistema sobrevive a constantes ajustamentos de preço para baixo. Tal realidade não terá lugar se o produto, além de ser de qualidade, for de réplica difícil.

Existem diferentes tipos de sistemas de *marketing* multinível, mas o sistema binário é aquele que, na minha opinião, gera maior abundância de rendimentos durante mais tempo, com muito menos esforço direto.

Este tipo de rede é mais um sistema de liderança do que de vendas. É um sistema que remunera essencialmente em profundidade e em que é muito importante cuidar de quem está abaixo.

Por isso, é o sistema em que identifico maior poder de alavancagem: ao remunerar em profundidade, maximiza o poder da desmultiplicação do nosso esforço por oposição ao retorno decorrente de horas de trabalho diretas.

Os critérios a ter em conta na escolha de uma rede multinível são:

1. Um histórico sólido;
2. A existência de um nicho de mercado e de uma vantagem competitiva do produto;
3. Um sistema binário.

O *marketing* multinível é um dos maiores veículos para criação de riqueza com um baixo investimento. O grande enviesamento que muitas pessoas fazem ao entrar neste sistema é pensar que se trata de vender um produto. Ora, o multinível é sobretudo um trabalho de recrutamento e formação de pessoas, tal como o trabalho do dono de uma empresa quando passa de autoempregado para empresário.

O seu grande desafio é tornar-se alguém capaz de recrutar pessoas e de as formar para fazerem o trabalho com a mesma qualidade que o caracteriza. A rede só poderá desmultiplicar-se se aprendermos a formar pessoas, podendo chegar-se a ter milhares de colaboradores a trabalhar para nós em menos de um ano, apesar de diretamente termos recrutado um número reduzido. Como vimos anteriormente, podemos conseguir uma reforma milionária apenas com o nosso salário. Mas se o objetivo for alavancar as nossas finanças e alcançar rapidamente a independência financeira, devemos focar-nos em desmultiplicar as nossas fontes de rendimento.

Esta tarefa, à primeira vista difícil, poderá revelar-se extremamente entusiasmante através do recurso a um *part-time*, ao *marketing multinível*, à venda direta ou à criação de negócios, entre outros.

> O 6.º princípio ensina-nos que, quanto mais fontes de rendimento formos capazes de criar, mais abundância conseguiremos num curto espaço de tempo, o que, sujeito ao poder da capitalização, se revelará mágico na nossa vida.

Por fim, vamos investir a seguir no nosso círculo de competências.

7.º PRINCÍPIO

Investir no Nosso Círculo de Competências

O 7.º princípio tem por base investir consistentemente todas as verbas que conseguirmos ir poupando.

Lembre-se de que o que marca a maior diferença no caminho para a independência financeira é exatamente o que vai fazer com as suas poupanças: é absolutamente decisivo investi-las de forma adequada.

O primeiro aspeto que devemos considerar no que respeita ao investimento das nossas poupanças é que estamos a construir património líquido a longo prazo. Por isso, todas as decisões devem ser tomadas com esse objetivo em mente.

O principal desafio que temos pela frente é o fenómeno da inflação, pelo qual o nosso património terá uma tendência natural para a desvalorização. Ou, dito de outra forma, o nosso dinheiro tenderá, ao longo do tempo, por se refletir num poder de compra cada vez menor.

Sempre que for selecionar um investimento, pondere como se irá comportar face à inflação.

Quando falamos de investimento e no objetivo de aumentar o poder de compra, devemos ponderar esta força contrária que estará permanentemente em ação.

Por isso, é fundamental investirmos em ativos que tenham um comportamento historicamente positivo face à inflação.

Outro fator de importância basilar quando falamos de investimentos é a compreensão da natureza e da psicologia humanas. Quando estamos a tratar de investir o nosso património, a emoção envolve-se e não é, nunca, boa conselheira. Torna-se estruturante definir determinadas regras que não devem ser violadas e que se prendem diretamente com as expetativas que temos no que respeita aos retornos a obter.

Vou deixar-lhe aqui várias ideias sobre as opções que terá como investidor e sobre quais poderá obter retornos consistentes a longo prazo, bem como sobre os retornos que poderá conseguir de cada tipo de ativos. A minha sugestão enérgica é que nunca se afaste, sob hipótese alguma, destes ensinamentos, por muito que lhe apareçam pretensos profissionais a vender-lhe o contrário. O lado negro da indústria financeira é que a maior parte das transações que nos são propostas são-no no interesse de quem as propõe e raramente no nosso.

Defina as suas regras com base nestes ensinamentos e nunca, sob hipótese alguma, se afaste delas.

Por isso, é também crítico investir apenas naquilo que conhecemos, ou seja, nunca devemos ir além do nosso círculo de competências.

> Ao investir, nunca devemos sair do nosso círculo de competências.

Isto não significa que não alarguemos o nosso conhecimento e não possamos aumentar este círculo. No entanto, seja em que momento for, nunca devemos precipitar-nos e correr riscos além dele.

Investir no nosso conhecimento é essencial para termos uma noção clara do que estamos a fazer em cada momento e, simultaneamente, alargarmos o nosso círculo de competências.

Para isso teremos de analisar o nosso círculo de competências financeiras e reconhecer as nossas limitações. Devemos apenas investir naquilo que sabemos que vai resultar.

A própria definição de investimento, tal como o entendo, é exatamente a evidência matemática do retorno sobre o ativo comprado. Tudo o que não resultar em evidência matemática do retorno será especulação.

A definição de investimento passa pela evidência matemática do seu retorno.

Esta noção torna-se fundamental para não correr riscos desnecessários, que poderão conduzir à perda das suas poupanças.

É muito fácil cair em situações desagradáveis, no que diz respeito aos investimentos, quando julga ter mais competências do que as que tem efetivamente.

> Ao começarmos a ser demasiado ousados e arrogantes, por passarmos por um período de sorte (com a "maré a subir"), começamos a fazer aquilo que está fora do nosso círculo de competências e por vezes arruinamos as poupanças.

No âmbito das finanças, ou seja, quando lidamos com dinheiro, é fácil cair na ganância e querer ganhar tudo rapidamente, sem ter em conta que o tempo é muito importante na capitalização, como vimos no 3.º princípio.

O tempo e a rentabilidade a que fazemos crescer a nossa massa crítica são cruciais no crescimento das nossas finanças.

Nas nossas opções de investimento, é muito importante o quanto poupamos, mas também a rentabilidade a que esse dinheiro está aplicado. Para que se possa exercer o poder da capitalização, o tempo é uma alavanca essencial, que nunca deverá ser desvalorizada.

Ser ganancioso e precipitado poderá conduzir a erros devastadores. É certo que poderemos sempre recomeçar, mais humildes e com maior conhecimento, uma vez que aprendemos com os erros, mas se não perdermos de vista o 7.º princípio, teremos o nosso percurso em direção à independência financeira mais facilitado.

Vejamos quais são as alternativas de investimento, assim como os riscos e as vantagens de cada uma.

Conhecimento: círculo de competências

Imóveis:

Terra

Habitação

Móveis:

Mercadorias

Fundos

Depósitos

Obrigações

Câmbios

Ações

Os bens imóveis

Nas nossas opções de investimento, encontramos, em primeiro lugar, a referência aos bens imóveis. Destes, fazem parte a terra e as construções.

Nas construções, podemos incluir as habitações e os espaços comerciais. A terra possui uma vantagem relativamente às construções: não se degrada e os custos de manutenção são muito baixos.

Além disso, teremos de ter sempre em mente que a terra é algo limitado no planeta e não haverá maior quantidade disponível no futuro do que aquela que existe hoje. A terra não deverá estar parada, uma vez que, se tal acontecer, apenas poderemos ganhar com ela o valor médio de valorização do mercado imobiliário, que são sensivelmente 6% ao ano. Devemos potenciar os ganhos, rentabilizando o património.

Assim, se somarmos aos 6% de valorização, um rendimento de 6% de renda, ou até de 8%, os ganhos serão bastante mais atrativos. Poderemos, neste caso, vir a ganhar 12 ou 14% ao ano.

As duas formas principais de rentabilizar um terreno <u>são o arrenda-mento ou a exploração agrícola</u>. O que gostava de deixar claro é que não defendo a posse de terrenos apenas na expetativa de valorização com o tempo. Devemos torná-los produtivos.

Se nos limitarmos a detê-los, transformamos o que seriam ativos em passivos, pois tornar-se-iam essencialmente despesas, com a manuten-ção e os impostos a que estamos obrigados e o que seriam investimentos com evidência matemática de rentabilidade tornar-se-iam especulações de perspetiva de valorização.

> Quer se trate de terrenos ou habitações, o que procuramos nos bens imóveis é uma rentabilidade entre 6 e 8% ao ano. Mas esta é apenas uma regra de investimento minha. Há quem tenha re-sultados muito interessantes com regras diferentes.

Outra das minhas regras, se optar pelo arrendamento do imóvel, é que apenas se contabilizem 10 meses de renda por ano, uma vez que pode sempre existir algum tempo, ao longo do ano, em que o imóvel não es-teja, por alguma razão, a ser rentabilizado. Esta pode considerar-se uma margem de segurança para não incorrermos em frustração nas nossas expetativas face ao investimento e à respetiva rentabilização.

A acrescer a esta rentabilidade, há ainda uma estratégia que pode ser interessante, ainda que mais agressiva, e que consiste em comprar os imóveis com dívida.

Vejamos um exemplo.

Se comprarmos um terreno por 100 mil euros e apenas investirmos 50 mil euros nossos, a rentabilidade passa para o dobro. Mesmo descon-tando a taxa de juro que o banco nos cobra pelo empréstimo, consegui-mos um aumento significativo da rentabilidade do nosso investimento. A esta técnica chama-se alavancagem e sugiro que se utilize muito con-servadoramente, pois aumenta o risco da operação. No meu caso, nunca alavanquei em mais de 50% do valor do imóvel e com dívida a mais de 15 anos, sendo que prefiro a 10. Esta regra pretende proteger-nos contra eventuais quebras agressivas do valor do imóvel no mercado.

Partindo do exemplo do imóvel de 100 mil euros, com a rentabilidade a 8%, daria uma renda de 800 euros por mês, contabilizando apenas 10 meses, como margem de segurança. Se pedirmos ao banco 50 mil euros, teremos investido 50 mil euros de dinheiro nosso, sendo que a nossa rentabilidade passa para o dobro.

Vamos supor que pagamos ao banco, por exemplo, 5% ao ano por esse empréstimo. Como pudemos concluir, a partir das contas anteriores, se deduzirmos os 5% aos 16% de rentabilidade, ficamos com uma rentabilidade de 11% para este ativo, o que é excelente, uma vez que, a 11% ao ano, dobramos o nosso capital a cada sete anos.

Mesmo deduzindo a taxa que pagarmos ao banco pelo empréstimo, continuamos a ter um incremento significativo à nossa rentabilidade inicial. Este é mais um exemplo daquilo a que temos chamado alavancagem.

Devemos ter em conta que, até aqui, não foi somada a valorização do imóvel. Ora, em termos históricos, os imóveis valorizam, em média, cerca de 6% ao ano, valor que se for acrescentado à rentabilidade anterior, se traduzirá num aumento ainda maior da rentabilidade inicial.

Com a construção habitacional, passa-se uma realidade idêntica à da terra arrendada. Já os espaços comerciais são um mercado mais exigente, que apenas se aconselha a profissionais. Ou seja, o mercado do arrendamento comercial é uma daquelas áreas que exige conhecimentos específicos e, no início, certamente não fará parte do nosso círculo de competências.

Se compararmos os bens imóveis, entre a terra e a habitação, concluiremos que esta última tem uma liquidez mais facilitada, uma vez que é mais comum encontrar um inquilino do que um rendeiro. As desvantagens são os custos associados, mais elevados do que os da terra, tais como os impostos e a degradação do imóvel.

No meu caso, prefiro as habitações aos terrenos apenas porque, normalmente, são mais fáceis de vender se algum dia necessitar de tomar essa opção e porque não tenho competências nem disponibilidade para a exploração agrícola. No entanto, respeito e não refuto os argumentos que defendem os terrenos como melhor opção.

Em síntese, nos investimentos em bens imóveis, podem alavancar-se os resultados ao introduzirmos uma percentagem de dívida no investimento. Apesar de, financeiramente, quanto maior for a dívida, maior é a rentabilidade, se acontecer uma desvalorização do imóvel, poderemos ficar numa situação desagradável. Por isso, sugiro que seja conservador nessa dívida.

> A regra é alavancar o investimento em apenas 50% do valor do imóvel.

É importante também comprar os imóveis em localidades que conheça bem e com alguma dimensão, para que tenham liquidez, ou seja, procura, no caso de ter de decidir vendê-los. Lembre-se de que, no que diz respeito aos imóveis, a localização é o fator mais decisivo.

Uma nota importante a reter relativamente aos imóveis é que o comportamento do seu valor e do seu rendimento ao longo do tempo é mais estável do que os ativos financeiros. Neste investimento, é necessário ter alguma liquidez inicial para poder começar a rentabilizar. O desafio aqui consiste em conseguir uma massa crítica para se iniciar o investimento.

Os bens móveis

O segundo tipo de investimento apresentado na lista inicial são os bens móveis. Iremos debruçar-nos em primeiro lugar sobre as mercadorias, a que se seguirão os fundos de investimento, os depósitos, as obrigações, os câmbios e, por último, as ações.

Mercadorias

Quando falamos de mercadorias, referimo-nos essencialmente aos ativos que se transacionam na bolsa de *commodities*. Aqui estão incluídos uma série de metais preciosos, tais como o ouro, o cobre e a prata, e ainda o petróleo, a madeira, o café e o cacau, entre outros.

> As *commodities* são aparentemente muito atrativas por poderem atingir valorizações muito elevadas em espaços de tempo relativamente curtos.

No entanto, não podemos esperar mais do que uma apreciação em preço, uma vez que não fazem nada por nós: não pagam dividendos, rendas, cupões nem juros.

Isto faz com que, pessoalmente, considere este tipo de investimento como puramente especulativo. São investimentos para os quais não há qualquer evidência matemática de que iremos ter um retorno. Uma *commodity* pode gerar um rendimento significativo se possuirmos conhecimentos idênticos ou mais profundos do que os profissionais da área, o que exigiria competências acima da média no âmbito desse mercado. Mesmo que assim fosse, a longo prazo, as *commodities* acabam por ter um retorno do investimento abaixo de outras possibilidades que aqui são apresentadas. Assim, como regra, não sugiro o investimento em *commodities*. Pontualmente, poderá ser um investimento inteligente, para investidores muito sofisticados, mas, a longo prazo e por regra, há outros melhores.

Fundos de investimento

Por incrível que possa parecer, os profissionais desta área, como grupo e a longo prazo, têm-se mostrado incapazes de bater o desempenho do mercado. A verdade é que eles são o mercado, uma vez que são responsáveis por mais de 90% das transações feitas. Quando percebemos esta realidade, compreendemos também que todos os anos, tendencialmente, metade dos profissionais teria um desempenho acima do mercado, enquanto a outra metade estaria abaixo. A longo prazo e pelo fenómeno estatístico da regressão para a média, ficariam com as suas *performances* mais ou menos alinhadas com o desempenho de mercado, não o batendo. Mas é aí que entram as despesas de gestão dos fundos.

A grande desvantagem desta opção de investimento consiste exatamente nas despesas que estão agregadas. Quando compramos um fundo, temos despesas inerentes à sua gestão e para sair do fundo.

A estas despesas, junta-se uma série de outras, invisíveis, como as relacionadas com as comissões pagas pelas transações que o fundo faz diariamente e os respetivos impostos.

A média de comissão de um fundo de investimento ultrapassa os 3% e este valor anual vai capitalizar negativamente ao longo do tempo, funcionando como um aspirador de rentabilidade no seu património. Ainda que o fundo nos rendesse 10% ao ano, acabaríamos por ter um corte significativo nesta rentabilidade, devido às despesas que lhe são inerentes. É por isso que, estatisticamente, podemos afirmar que 90% dos profissionais perdem para o mercado.

Aliás, será muito fácil perceber que se o mercado de ações tem um desempenho médio que se aproxima dos 10% ao ano e se, em média, os fundos têm comissões que ultrapassam os 3%, significa que os profissionais, para baterem o mercado, deveriam ter *performances* médias superiores a 13%, ou seja, 30% acima do mercado. Se os profissionais são o mercado, tal seria virtualmente impossível.

Sugiro que fuja ainda mais dos fundos de fundos. Esses têm normalmente mais despesas do que os outros, pois às mesmas despesas dos outros, somam as despesas de gestão do portefólio de fundos.

Por isso é que Warren Buffett, o maior investidor da história, recomenda que os particulares recorram a fundos indexados ao mercado, em vez de investirem nos fundos ativamente geridos. E, por isso, mais à frente, recomendamos também essa forma de investir em ações.

Resumindo: o retorno dos fundos de investimento pode ficar muito abaixo das possibilidades do mercado.

Depósitos

Quanto aos depósitos, apesar de este ser um investimento com o qual a maior parte das pessoas se sente mais confortável, não são uma boa opção quando se trata de gerar e mesmo de conservar riqueza, uma vez que é um rendimento que historicamente se situa abaixo da inflação.

Assim, trata-se de um ativo que não se confirma como uma boa opção, face à valorização do património e aproveitamento da capitalização. O dinheiro investido em depósitos destrói o seu valor patrimonial, refletido no seu poder de compra.

Além disso, as pessoas deverão ter em conta que os bancos não são instituições inabaláveis. Como testemunho do seu risco, devemos recordar que, em Portugal, temos bancos falidos, bancos claramente intervencionados pelo Estado e, provavelmente, bancos discretamente intervencionados. Por outras palavras, ainda que esse fosse um cenário caótico, a segurança de um depósito a prazo, mesmo em termos de capital inicial, depende da capacidade de o banco lhe devolver o dinheiro e, por consequência, da solidez financeira desse mesmo banco.

Obrigações

No que respeita aos bens móveis, as obrigações são, na minha perspetiva, o ativo que melhor alternativa pode oferecer em relação às ações, como escolha para o investidor.

As obrigações oferecem um pagamento contratualizado ao longo de um determinado período de tempo, a que chamamos cupão.

Ao contrário do que acontece com as ações, esse pagamento está previamente definido e não depende diretamente, no seu valor, do comportamento económico do emitente. Comprarmos obrigações significa que estamos a comprar dívida. Poderá ser dívida de um país ou de uma empresa.

O principal risco reside no facto de esse país ou essa empresa poderem não ter condições de pagar a dívida. Como risco adicional, temos a possibilidade de a inflação, por qualquer razão, disparar e o pagamento do cupão se tornar desinteressante.

Em termos médios, as obrigações oferecem-nos retornos de aproximadamente 3% acima da inflação. Como tal, incluo-as na classe de ativos que nos dão uma expetativa positiva de criação de valor patrimonial pessoal.

A principal fragilidade das obrigações é a comparação que, em termos históricos, têm com as ações, cuja análise de comportamento será feita, mais à frente, quer no que respeita à rentabilidade quer no que respeita a mecanismos de defesa contra a inflação, que é um dos aspetos críticos a ponderar no investimento das nossas poupanças.

Câmbios

Outra opção para a alocação dos nossos ativos pessoais é a do mercado cambial. No mercado cambial, pretendemos adivinhar, normalmente através de técnicas sofisticadíssimas, qual o comportamento das diferentes moedas, umas face às outras, e obter lucro com a evolução dessas diferenças.

Sugiro que fuja desta opção como "o diabo foge da cruz". Os câmbios, ao contrário de qualquer outra das opções, são um jogo de soma nula, ou seja, para uma parte ganhar, a outra tem de estar a perder. Lembre--se de que quando transaciona em câmbios, quem está do outro lado da transação é muito provavelmente um profissional.

Portanto, para ter resultados consistentes nesta opção, tem de ser mais esperto do que os profissionais, num jogo em que as probabilidades estatísticas estão fortemente contra si. Uma opção puramente especulativa e que desaconselho completamente.

Ações

Dos bens móveis, as ações são historicamente o investimento que, apesar da sua volatilidade (que não deverá, na minha opinião, ser confundida com risco, tal como defende a teoria académica), apresenta um comportamento mais rentável no mercado.

Quando comparadas com as obrigações, por exemplo, as ações apresentam, historicamente e quando analisamos séries longas, um retorno de cerca de 7% acima da inflação, tornando-se o melhor mecanismo de criação de riqueza e de proteção contra a inflação.

Essa capacidade de nos proteger da inflação materializa-se também numa tendência forte para os preços das ações subirem quando estamos perante cenários inflacionistas, o que produz uma proteção natural contra a inflação e o risco cambial, caso pretenda investir em mercados internacionais.

Por outro lado, ainda que sejam percebidos como investimentos com comportamentos mais voláteis do que os outros ativos, na realidade, isso só acontece quando a análise é feita em períodos curtos e, quando analisamos séries longas, a diferença torna-se praticamente irrelevante.

Em períodos de 10 anos, dificilmente encontramos comportamentos em que as ações percam para as obrigações. Mais do que isso, se alargarmos a nossa análise para 20 anos, em mercados desenvolvidos e de economia livre, nunca encontramos nas ações períodos de rentabilidade real negativa, o que não acontece com nenhum outro ativo.

Ora, se quando tratamos do investimento das nossas poupanças, o fazemos numa perspetiva de longo prazo, não faz sentido preocuparmo--nos com o comportamento dos ativos a curto prazo. Quando olhamos para as ações desta forma, a nossa perspetiva sobre o risco de escolha desta classe de ativos muda radicalmente.

Embora aparentem ser uma opção mais arriscada do que os outros ativos, a verdade é exatamente o contrário. As ações são historicamente o melhor e mais seguro investimento no que respeita à preservação e aumento do poder de compra.

Outra das vantagens das ações é que, excetuando os dividendos, só há incisão fiscal sobre elas quando as vendemos. Tal significa que podemos nunca vender as ações, não pagando impostos. A ideia inicial de realizar uma poupança é investir, capitalizar, tendo em vista uma reforma milionária, e não vender. Daí resulta que, tendo em mente esta finalidade, as ações podem considerar-se fiscalmente muito atrativas.

Fig. 17: **Retorno dos diferentes ativos ao longo do tempo.**

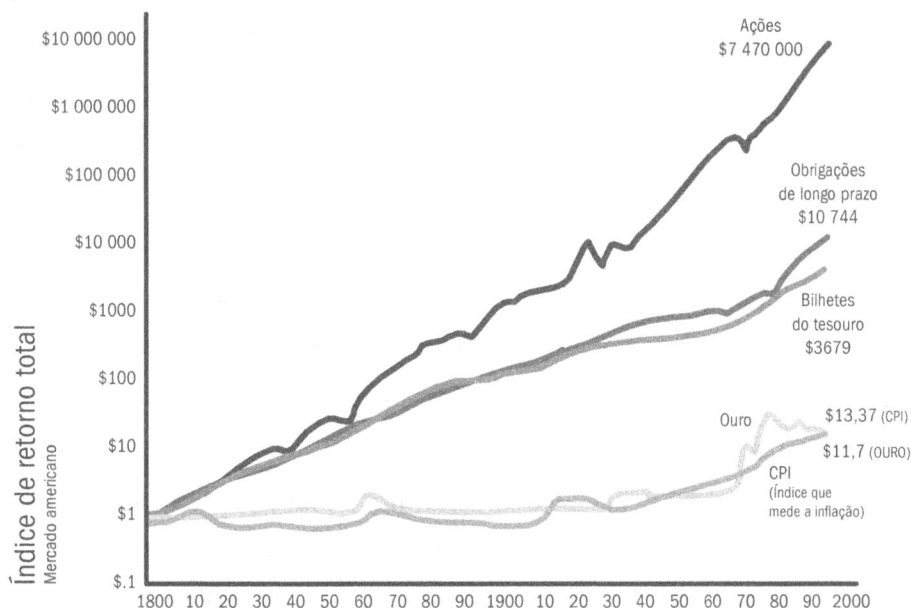

Fonte: Jeremy J. Siegel, *Stocks For The Long Run*, McGraw Hill, 1998.

Na Figura 17, se compararmos o comportamento do ouro, das obrigações de longo prazo, das obrigações de curto prazo, da inflação e das ações, veremos que estas últimas apresentam um comportamento de maior crescimento constante a longo prazo.

As ações são um ativo seguro, mas devemos saber como nos comportar relativamente a este investimento.

Há duas formas de nos posicionarmos na aquisição deste bem:

1. Tendo capacidade de analisar as empresas, o que exige muitos anos de estudo (e o número de pessoas que são capazes de o fazer é muito reduzido);

2. Recorrendo à compra de fundos especiais de ações, diferentes dos tradicionalmente geridos, que o mercado financeiro designa por fundos indexados ao mercado. Estes fundos limitam-se a replicar o comportamento dos índices do mercado, não envolvendo, por isso, nenhum tipo de gestão ativa e mantendo um comportamento exatamente em linha com a *performance* do mercado, tudo isto mantendo despesas muito baixas: em geral, francamente abaixo de 1%.

Dado o que vimos sobre o funcionamento dos fundos ativamente geridos, será fácil percebermos que o seu desempenho está muito acima dos fundos tradicionais. Estes fundos assumem muitas vezes a forma de ETF (Exchange-Traded Fund), ou seja, fundos transacionados em bolsa, replicam um índice conhecido, comportam-se exatamente como ele e transacionam-se no mercado bolsista como qualquer outro título.

Há variadíssimos tipos de ETF que replicam o comportamento de várias categorias de ativos no mercado, ou mesmo cabazes de ativos.

A nossa sugestão é, exatamente, procurarmos um cabaz que replique o comportamento do mercado acionista mundial. Quando investimos desta forma num ETF, não precisamos de conhecer o mercado e a nossa expetativa de retorno será, em termos médios e a longo prazo, igual à que, historicamente, o mercado tenha feito, ou seja, 10%.

Dito de outra forma, será tendencialmente semelhante, a longo prazo, à da média do mercado nos últimos cem anos. Por isso, se investirmos em ações através de um fundo indexado ao mercado mundial, a nossa expetativa de retorno a longo prazo, o único que nos interessa, será de aproximadamente 10% ao ano.

> Concluímos que as ações, para pessoas que não possuem conhecimentos especializados, são um ativo seguro, mas não quando entendidas isoladamente.

Mais do que isso, estes fundos ajustam-se automaticamente à *performance* das ações que os compõem no mercado, pois o peso destas vai aumentando ou diminuindo consoante o seu comportamento mais ou menos positivo. Assim, se algum dos títulos do cabaz começar a ter um comportamento consistentemente abaixo dos outros, o fundo vai subponderando o seu peso no cabaz.

É claro que alguns poderão conseguir melhores resultados do que 10%, mas isso exige uma análise fundamental, isto é, uma investigação especializada, que requer muitos anos de experiência e um outro nível de competências. É preciso ser capaz de analisar uma empresa, ter noção de quanto ela vale, para depois perceber a diferença entre o seu valor e o preço a que está cotada no mercado. É com base nestes cálculos e conhecimentos precisos que se irá adquirir a ação. Poucas pessoas são capazes de o fazer de uma forma consistente, mesmo entre os profissionais.

Assim, a opção que me parece ser mais segura para a maior parte das pessoas é a compra de um índice de ações e não a compra de ações isoladas. Isto porque, pelo histórico, se sabe que o índice, em média, renderá aproximadamente 10% ao ano, com uma margem de segurança muito sustentável.

Um índice de ações é um cabaz que foi criado para medir o comportamento de um determinado mercado. O principal índice do mercado português, por exemplo, é o PSI 20.

O PSI 20 é o conjunto das 20 empresas portuguesas que foram selecionadas como sendo as mais relevantes do mercado português, ponderadas através do peso que têm no mercado.

O índice serve para que possamos perceber qual é o comportamento do mercado enquanto grupo de empresas.

Ao investirmos num índice, por exemplo, através de um ETF, temos possibilidade de conseguir melhores resultados do que 90% dos profissionais.

A sugestão que aqui se deixa é a de se investir num ETF que replique o mercado mundial. O índice mais conhecido para o mercado mundial é o MSCI World. Este é o índice que nos últimos anos tem sido usado com mais frequência para avaliar o comportamento do mercado mundial, tendo uma percentagem das ações das maiores empresas do mundo.

Ao investir num cabaz de ações deste tipo, há que ter em conta que a subida do seu valor se faz com oscilações, por vezes significativas, quando analisadas a curto prazo, como apresentado na Figura 18:

Fig. 18: **Oscilações do mercado.**

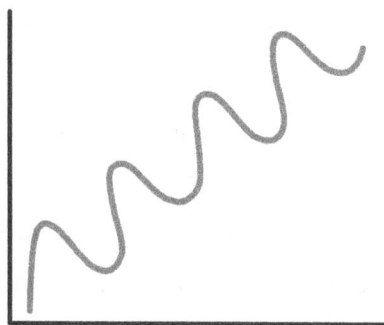

Fonte: Autor.

Devido a estas oscilações, o risco reside em entrar quando o valor está em alta e, logo de seguida, assistirmos a uma descida acentuada, que pode ser, em alguns casos mais dramáticos, de 40 ou 50%. É completamente diferente ter uma rentabilidade sobre 100 mil euros do que sobre 50 mil. Podemos levar muitos anos até recuperar o nosso investimento depois de termos perdido por ter entrado na altura errada.

Para ultrapassar este risco, devemos fazer investimentos consistentes e contínuos no índice. Isto significa que a forma mais eficaz de agir é fazer investimentos de uma forma mecânica, no sentido de regularizar a média do valor pelo qual estamos a comprar, como representado na figura seguinte:

Fig. 19: **Periodicidade do investimento.**

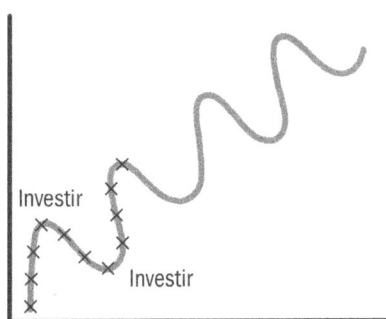

Fonte: Autor.

É importante não perder de vista a regularidade no investimento de uma verba, que poderá ser mensal, trimestral ou semestral, dependendo do dinheiro que sabemos que vamos conseguir disponibilizar e da comissão que o banco nos cobrar por essa transação.

> Investir no índice é algo que deve ser feito de forma consistente e sistemática, quer o mercado esteja em alta quer esteja em baixa.

Esta forma de investir é a ideal para quem está a construir uma poupança de longo prazo, pois selecionamos a nossa capacidade de investimento mensal ou trimestral e, em cada um desses períodos, colocamos sistematicamente o nosso investimento.

Muito importante: nunca tente adivinhar o que o mercado vai fazer para tentar adequar os seus investimentos a isso. Investimos sempre, quer o mercado esteja a subir ou a descer.

Lembre-se de que a natureza humana não nos ajuda e, muitas vezes, se deixarmos a emoção envolver-se, vamos fazer exatamente o contrário do que devíamos.

Há outra vantagem para esta sistematicidade e consistência nos investimentos: se o mercado estiver mais caro, adquirimos um menor número de ações, mas quando está barato, o número de ações que compramos é maior. Este fenómeno é responsável pelo ajustamento do nosso investimento de uma forma contínua. Assim, entrando nas boas e nas más alturas, por regressão à média, teremos um retorno de aproximadamente 10% ao ano.

Em resumo, gostaria de lembrar os principais erros cometidos pelos investidores particulares. Pode usá-los como *checklist*, a cada momento, ou colocá-los em exposição, em algum sítio onde os veja com frequência. Lembre-se de que a maior parte desses erros vêm de não se respeitar as regras de que antes falámos e os resultados podem ser dramáticos.

Até porque quando fazemos o primeiro erro, tendemos a querer corrigi-lo com outro erro e facilmente perdemos o controlo da situação, e isto acontece mesmo aos profissionais.

Os oito erros mais comuns dos investidores particulares:

1. O primeiro erro, mais comum e de consequências mais gravosas, é tentar adivinhar o *timing* dos investimentos, ou seja, tentar adivinhar se o mercado vai ou não subir para decidir quando investir. Nunca ninguém conseguiu prever, de forma consistente, como se vai comportar o mercado.

   Preste atenção porque os profissionais vão estimulá-lo a que o tente. Eles ganham cada vez que transacionar e não quando ganha.

Não lhes dê ouvidos. Lembre-se de que a melhor estratégia é investir periodicamente, de forma consistente, entrando no mercado em várias alturas. Não tente controlar o que não é controlável.

2. O segundo erro, também muito perigoso, é tornarmo-nos muito agressivos e/ou confiantes. Ou seja, quando nos começam a correr bem as coisas, tornamo-nos excessivamente confiantes e começamos a esquecer as regras. Podemos até ficar arrogantes e convencidos de que sabemos mais do que sabemos. Mais do que isso, começamos a procurar rentabilidades mais altas do que as razoavelmente expetáveis, ficamos gananciosos e fazemos asneiras.

   Quando a algumas decisões ousadas se junta uma subida do mercado, criamos uma mistura explosiva, pois temos reforço positivo de decisões erradas e vamos tender a repeti-las com um envolvimento cada vez maior. Quando a "maré baixa", o resultado é catastrófico.

3. Nunca confunda especulação com investimento. Lembre-se de que o investimento (que é o que recomendamos) passa pela evidência matemática do retorno que vamos tirar.

4. Nunca ouça dicas de outros investidores, por muito sofisticados que sejam. Nunca! Limite-se a seguir as regras e a fazer aquilo que aprendeu.

5. Nunca tome decisões de investimento por motivos fiscais. Ouvimos a justificação fiscal para as maiores barbaridades cometidas no que respeita à gestão patrimonial.

6. Evite completamente mercadorias (*commodities*) e câmbios. Por favor!

7. Nunca siga conselhos de profissionais que querem fazer negócio consigo.

8. Nunca confie nas suas emoções ou instintos. Lembre-se de que a natureza humana não o ajuda como investidor. Não acredite nas histórias sobre investidores com faro. Os melhores investidores da história são extremamente racionais. Não se esqueça nunca da definição de investimento, que já várias vezes repetimos.

OS TRÊS NÍVEIS DE SITUAÇÃO FINANCEIRA

(Da Proteção Financeira à Independência Financeira)

Na caminhada para a reforma milionária, há três níveis pelos quais se pode passar:

1. O momento em que alcançamos a nossa proteção financeira;
2. Aquele em que conseguimos alcançar a segurança financeira;
3. Por último, aquele em que conseguimos tornar-nos financeiramente independentes.

Tornar os seus sonhos pessoais financeiros uma realidade

1. Proteção financeira:
   Liquidez para cobrir 12/24 meses de despesas.
2. Segurança financeira:
   Massa crítica que, investida a 8% ao ano, cobre as nossas despesas básicas (renda, alimentação, transporte...).
3. Independência financeira:
   Massa crítica que, investida a 8% ao ano, assegura o estilo de vida que queremos para o resto da vida.

Vamos analisar com mais detalhe cada um deles:

1. Proteção financeira

O momento em que podemos afirmar que atingimos uma situação de proteção financeira é quando temos liquidez para 12 ou 24 meses de despesas da nossa família.

Aqui não se trata de ter ações, mas sim dinheiro para fazer face às despesas básicas de um ou dois anos. Por exemplo, se sabemos que gastamos 20 mil euros por ano, deveremos ter entre 20 a 40 mil euros líquidos para nos sentirmos protegidos.

Tabela 7: **Proteção financeira.**

Item	Custo atual por mês
1. Pagamento da hipoteca	€ _____
2. Água, gás, eletricidade, TV, telefone (média)	+ € _____
3. Transportes (média, incluindo seguro automóvel)	+ € _____
4. Alimentação (média)	+ € _____
5. Seguro (incapacidade, saúde, etc.)	+ € _____
6. Impostos	+ € _____
7. Quantia total necessária para a proteção	= € _____
O meu objetivo	
8. Quantia mínima a acumular para estar financeiramente protegido durante 2 meses (ponto 7 × 2)	€ _____
9. O meu objetivo de proteção financeira é poupar dinheiro suficiente para cobrir _____ (meses) de despesas básicas (ponto 7 × _____ meses) TOTAL	€ _____

Fonte: Autor.

2. Segurança financeira

Ter segurança financeira equivale a possuir um valor de massa crítica que, estando investido a 8% ao ano, nos permita fazer face às nossas despesas mais básicas. Se tivermos os tais 20 mil euros de despesas básicas por ano, multiplicamos esse montante por 0,08 e o resultado é o valor de massa crítica de que necessitamos para alcançar a nossa segurança financeira.

Tabela 8: **Segurança financeira.**

Item	Custo atual por mês
1. Pagamento da hipoteca	€ _____
2. Água, gás, eletricidade, TV, telefone (média)	+ € _____
3. Transportes (média, incluindo seguro automóvel)	+ € _____
4. Alimentação (média)	+ € _____
5. Seguro (incapacidade, saúde, etc.)	+ € _____
6. Impostos	+ € _____
7. Quantia total necessária para a proteção	= € _____
O meu objetivo	
8. Valor da rentabilidade mensal das minhas poupanças, de que vou precisar para estar financeiramente seguro para o resto da vida (igual ao ponto 7)	€ _____
9. Valor da rentabilidade mensal das minhas poupanças, de que vou precisar para estar financeiramente seguro para o resto da vida (ponto 7 × 12 meses) TOTAL	€ _____

Fonte: Autor.

3. Independência financeira

O terceiro nível, e a nossa finalidade, provavelmente, ao iniciar a leitura deste livro, é alcançar uma situação de independência financeira, uma vez que não importa apenas financiarmos as nossas necessidades básicas com a massa crítica a 8%. O nosso desejo, certamente, passará por atingir a massa crítica que, rentabilizada a 8%, nos permita levar um estilo de vida correspondente às nossas expetativas.

> No cenário da segurança financeira, trata-se de financiarmos as despesas básicas, mas numa situação de independência financeira, procuramos financiar o estilo de vida de que desejamos usufruir.

Este seguramente diferirá muito de pessoa para pessoa. Se o seu sonho de vida não passar por grandes luxos, mas antes por um estilo frugal, certamente o seu nível de independência financeira estará muito próximo do seu nível de segurança financeira. Contudo, se desejar levar um estilo de vida muito acima das vivências que agora tem, as diferenças entre os dois montantes serão bastante significativas.

Façamos agora um exercício que permitirá calcular a massa crítica necessária para alcançar a sua independência financeira, tal como sonha.

Tabela 9: **Independência financeira.**

Definição
A independência financeira é alcançada quando os seus investimentos produzem um rendimento igual ao seu rendimento "laboral". Por outras palavras, apenas tem de trabalhar se assim desejar.

1. Rendimento mensal necessário para suportar o meu estilo de vida	€ _____ × 12 meses
O meu objetivo	
2. Rentabilidade anual de poupanças dos investimentos para criar independência financeira para o resto da vida (Se está a poupar ou a investir uma quantia substancial do seu rendimento atual, então a quantia de que precisa para duplicar o seu estilo de vida atual, sem contar com os investimentos, é menor do que o seu rendimento mensal/anual.)	€ _____

Fonte: Autor.

Exemplo: Se ganha €200 000/ano e investe €50 000, significa que o número de que realmente precisa para ser financeiramente independente é de €150 000.

Certamente, pode concluir, após esta reflexão sobre as distintas situações financeiras em que pode viver, que só será financeiramente independente quando puder sustentar o estilo de vida que deseja levar apenas com os rendimentos dos ativos em que investe.

Se os nossos rendimentos sustentarem o nível de vida que sonhamos levar, poderemos considerar-nos financeiramente independentes.

O fator determinante na independência financeira não é o dinheiro que possuímos, mas sim a rentabilidade deste dinheiro.

Na Tabela 10, constam algumas referências em termos de massa crítica, que nos poderão ajudar a ter uma noção mais realista dos ganhos anuais e mensais a partir de um volume inicial rentabilizado a 8%.

Tabela 10: **Massa crítica.**

Massa crítica (em €)	Rendimento anual a 8%	Rendimento mensal a 8%
125 000	€10 000	€833
250 000	20 000	1667
375 000	30 000	2.500
500 000	40 000	3333
625 000	50 000	4167
750 000	60 000	5000
875 000	70 000	5833
1 000 000	80 000	6667
1 125 000	90 000	7500
1 250 000	100 000	8333
1 500 000	120 000	10 000
1 750 000	140 000	11 667
2 000 000	160 000	13 333
2 500 000	200 000	16 667
3 000 000	240 000	20 000
3 500 000	280 000	23 333
4 000 000	320 000	26 667
5 000 000	400 000	33 333
6 000 000	480 000	40 000
7 000 000	560 000	46 667
8 000 000	640 000	53 333
10 000 000	800 000	66 667
10 000 000	800 000	66 667
12 500 000	1 000 000	83 333
20 000 000	1 600 000	133 333
25.000.000	2 000 000	166 667
50 000 000	4 000 000	333 333
100 000 000	8 000 000	666 667

Fonte: Autor.

É determinante assumir estes compromissos por escrito. Só assim poderemos revisitá-los regularmente e não perder de vista o sentido da nossa caminhada financeira. Assim, aqui ficam dois exercícios de declarações financeiras:

Exercício 1

Tabela 11: **Declaração financeira.**

1. Rendimento anual pessoal	_____
2. Património líquido	_____
3. Taxa de imposto atual	_____
4. Ativos ilíquidos	_____
5. Bens líquidos	_____
6. Capital atualmente disponível, não investido	_____
7. Aumento do rendimento (próximos cinco anos)	_____ %
8. Aumento do rendimento (próximos cinco a 19 anos)	_____ %
9. Poupanças necessárias/investimento	_____ %

Fonte: Autor.

Exercício 2

Tabela 12: **A minha declaração de destino financeiro.**

1. Eu vou alcançar a proteção financeira para mim próprio e para a minha família, criando um rendimento anual de investimentos para a vida de €_____ . Irei alcançar este objetivo no ano _____ . Isto irá dar-me: _____
2. Eu vou alcançar a segurança financeira para mim próprio e para a minha família, criando um rendimento anual de investimentos para a vida de €_____ . Irei alcançar este objetivo no ano _____ . Isto irá dar-me: _____
3. Eu vou alcançar a independência financeira para mim próprio e para a minha família, criando um rendimento anual de investimentos para a vida de €_____ . Irei alcançar este objetivo no ano _____ . Isto irá dar-me: _____

Estou absolutamente comprometido em cumprir estes propósitos e torná-los realidade. De forma a cumprir os objetivos, devo investir _____ % do meu rendimento cada mês/ano. Eu _____ , no dia _____ do mês de _____ do ano de _____ , comprometo-me a fazer tudo o que for necessário para cumprir estes objetivos e desfrutar das recompensas destes compromissos para o resto da vida.

Fonte: Autor.

CONCLUSÃO

Era uma vez um homem que dedicou a sua vida a praticar o bem, a ajudar os que o rodeavam e aprendeu, desde muito jovem, a ter fé na generosidade do universo. Dedicava-se a espalhar a sua crença na bondade e na generosidade de todos os seres que o rodeavam e acreditava, sobretudo, em alguma força ou ser sumamente bom que nos brindava com a sua magnanimidade.

Contudo, como todos os seres humanos, aspirava a mais, sonhava em ir mais longe na sua ânsia de espalhar a fé e decidiu partir para muito longe.

Viu mundos inimagináveis de riqueza e foi confrontado com a dor, a miséria e o sofrimento. Em todas estas experiências, foi encontrando sentido e reconhecendo a bondade do universo. Até que os seus passos o conduziram ao deserto. Caminhou, caminhou, e o deserto era cada vez mais árido e desprovido de opulência. Nada ali se criava, nem a água era suficiente para matar a sede e o homem começou a ter dificuldade em acreditar na abundância do universo. Até que um dia, depois de muito caminhar, avistou um pequeno jardim luxuriante. Era o paraíso em pleno deserto: abundante de verdura e beleza e entendeu o que era, afinal, um oásis.

Reencontrou de novo a sua fé. Contudo, receou que os habitantes daquele lugar maravilhoso não tivessem consciência de como deveriam estar gratos ao universo ou a qualquer entidade divina por lhes fornecer todas as condições para poderem viver sem preocupações e serem muito felizes. Dirigiu-se a um jardineiro que trabalhava no local e perguntou-lhe quem era o responsável por tudo aquilo.

Ao que o jardineiro respondeu, humildemente:

– Sou eu. Fiz tudo. Consegui trazer a água a duras penas e fui cuidando das plantinhas, uma a uma, até conseguir ter este jardim. Não posso é parar, senão volta a tornar-se deserto.

O caminhante, surpreendido, resolveu elucidá-lo e explicar-lhe que aquele jardim era o resultado da bondade universal ou divina e, se não fosse esse ser supremo a cuidar do seu jardim, jamais ele o possuiria. O humilde trabalhador sorriu, com um sorriso entre a inocência e a perplexidade, e respondeu:

– Não quero, de maneira nenhuma, pôr em causa o que está a dizer. Seguramente Deus teve um papel preponderante em tudo quanto fiz aqui, mas havia de ver como isto estava, há uns anos, quando eu aqui cheguei e Deus tomava conta disto sozinho!

Gosto de contar esta história, porque confirma que temos um papel decisivo em todos os resultados que atingimos na vida. Muitos entregamos ao destino e a alguma eventual força externa os resultados da nossa vida. Esta narrativa configura uma das minhas convicções essenciais acerca da riqueza, seja ela material ou espiritual.

> A verdadeira riqueza passa por aquilo que estamos dispostos a fazer para a atingir. Ela está ao alcance do mais comum dos seres humanos. Passa pelas nossas atitudes e comportamentos face ao que a vida nos legou.

O Mapa da Independência Financeira apresenta como é possível projetar metas financeiras e revela o caminho a percorrer para alcançar essas metas, de forma simples e prática. Como vimos, são princípios acessíveis a todos nós, sem exigir qualquer tipo de característica especial ou genialidade. No entanto, está nas nossas mãos cuidar quotidianamente da área financeira da nossa vida para transformar o deserto num oásis de abundância.

Recordemos os aspetos essenciais do nosso percurso:

1.° princípio – Compreender a mecânica das finanças pessoais

Conhecer a mecânica das finanças pessoais para saber distinguir ativos de passivos, de um ponto de vista da independência financeira.

Devemos ter em conta que:

- Os ativos geram receitas, enquanto os passivos produzem despesas;
- Produzir riqueza implica criar património líquido e o que entendemos por património líquido é a diferença entre o valor de mercado dos nossos ativos e dos nossos passivos;
- Os ricos, contrariamente aos pobres e à classe média, servem-se dos seus rendimentos para adquirir ativos e o seu consumo é suportado pelas receitas dos ativos;
- O que distingue os ricos não é quanto ganham, mas sim o que fazem com o que ganham.

2.° princípio – Lucros são melhores do que salários

Os lucros são melhores do que os salários porque o seu tratamento fiscal é mais favorável e não há limites para os multiplicar.

Devemos ter em conta que:

- É importante aumentar o valor que colocamos na nossa hora de trabalho, em vez de apenas nos preocuparmos com o número de horas que trabalhamos;
- Mesmo com um salário, é possível atingir uma reforma milionária;

- Existem distintos níveis de alavancagem na escada da independência financeira, que vai do empregado ao investidor, passando pelo autoempregado e pelo empresário;
- O investidor possui um maior nível de alavancagem, colocando o dinheiro a trabalhar para si, como um escravo incansável.

3.º princípio – Compreender o poder da capitalização

A compreensão do poder da capitalização é essencial para aplicar o dinheiro a trabalhar a nosso favor.

Devemos ter em conta que:

- O juro sobre juro, quando colocado a nosso favor, faz o crescimento do nosso dinheiro ser idêntico à forma de uma espiral, em que aumenta o volume de massa crítica e a velocidade do seu aumento é gradual;
- É importante investir o dinheiro de forma inteligente;
- Do dinheiro que recebemos, devemos tirar uma parte para investir na nossa poupança, tal como o camponês que em primeiro lugar separa uma parte da sua colheita para voltar a semear;
- Como num pronto a comer, devemos sempre pagar primeiro, nunca devemos comprar com dívida, para não correr o risco de colocar o poder da capitalização a trabalhar contra nós.

4.º princípio – Eliminar a dívida

Seguir um sistema eficaz para eliminar a dívida é um princípio excelente para inverter uma situação financeira difícil.

Devemos ter em conta que:

- No caso em que as taxas de juro sejam idênticas, devemos começar por eliminar a dívida mais rápida em primeiro lugar;
- É essencial criar um fator de aceleração para eliminar a dívida;
- Um *part-time* pode ser algo mágico como fator de aceleração.

5.º princípio – Controlar energicamente os custos

Segundo a lei de Parkinson, as nossas despesas acompanham as nossas receitas e se os nossos ganhos se multiplicam, estas também têm tendência a acompanhá-los.

É determinante ter uma perceção rigorosa de quanto ganhamos e manter as contas sob controlo, gastando menos do que auferimos.

6.º princípio – Construir várias fontes de rendimento

Um salário como única fonte de rendimento é muito limitado.

Devemos construir várias fontes adicionais de rendimento se pretendemos aumentar as nossas receitas.

Entre as fontes de rendimento possíveis, temos: trabalhar em *part-time*, vendas (diretas ou comissão); *royalties* (dividendos de propriedade intelectual); *marketing* multinível; ativos (móveis ou imóveis) e negócios em que se geram rendimentos.

7.º princípio – Investir no nosso círculo de competências

Existem vários tipos de investimento que nos ajudarão a criar riqueza. Por exemplo: adquirir terra, habitação, *commodities*, depósitos, fundos, obrigações e ações.

Devemos ter em conta que:

- Os rendimentos e a valorização destes investimentos são diferentes e, por isso, é importante aprofundarmos os nossos conhecimentos e nunca sairmos do nosso círculo de competências;
- As ações, quando criteriosamente escolhidas, são o investimento que traz, historicamente, melhores retornos, embora a sua multiplicação esteja dependente a longo prazo. Como escolher ações implica uma grande capacidade de análise fundamental, que obrigará a anos de experiência, para o leitor comum esta não será a opção que recomendo;

- Restam-nos, como investimentos, o mercado imobiliário de arrendamento e o investimento em ações através de fundos cotados em bolsa, que repliquem o comportamento do mercado.

> É importante ter em conta estes sete princípios como estratégias que devem ser usadas em conjunto.

Apesar de cada um deles ter um contributo significativo isoladamente, quando todos são tidos em conta, gera-se uma sinergia poderosa com resultados absolutamente extraordinários.

Mas o mais importante não é alcançar o sucesso financeiro a qualquer custo e contra os nossos valores humanos. O que importa, quando se trata de multiplicar o dinheiro, não é a fortuna que construímos, mas sim o tipo de pessoa que temos de ser para conseguir fazer fortuna. Alguém com um sentido, que segue os seus valores, define objetivos e possui uma disciplina capaz de os concretizar.

Somos confrontados, no dia a dia, com pessoas que retiram valor à sociedade, em lugar de o gerar, e devemos contrariar esta tendência, tornando-nos membros mais valiosos humanamente.

Ter muito dinheiro dá-nos, justamente, a possibilidade de contribuir mais socialmente, ajudar mais pessoas, levando mais valor a todos os que nos rodeiam. São múltiplos os exemplos que encontramos de pessoas que colocam as suas fortunas ao serviço de causas humanitárias, como Andrew Carnegie, Rockefeller, Bill Gates e Warren Buffett.

Ser capaz de construir uma grande fortuna não significa estar focado em consumir ou exibir carros e mansões. Aliás, os grandes milionários não gastam o seu dinheiro todo antes de morrer e alguns deles nem sequer o deixam de herança a familiares. Deixam projetos, postos de trabalho, instituições e, pelo menos, possuem a liberdade de poderem contribuir para as causas que estão em consonância com os seus valores.

Ter mais dinheiro dá-nos a possibilidade de partilhar os nossos talentos e sonhos com um maior número de pessoas, em lugar de vivermos preocupados apenas com a sobrevivência.

Devemos olhar para os nossos lucros como um reflexo do valor que levamos aos outros e como a condição que nos permite desenvolver as nossas potencialidades e ajudar outros a fazer o mesmo.

Uma grande fortuna não se reduz meramente ao valor financeiro. Deverá ter, por trás de si, uma pessoa de valor e, diante de si, a possibilidade de trazer valor a um grande número de seres humanos.

Agradecimentos

Escrever um livro é um empreendimento incrível e pouca gente imagina o que envolve. Em rigor, acaba por ser o resultado da acumulação de experiências de uma vida: de todas as pessoas que vamos conhecendo, do estudo deliberado que fazemos, da acumulação de conhecimento numa determinada área, das aprendizagens que vamos tendo o privilégio de fazer ao longo do tempo e que decorrem da nossa vivência. Acabamos por nos tornar o resultado de todas estas coisas. Por isso, não sei se será possível considerar que escrevemos um livro sozinhos. Até porque para o fazer chegar ao público, acaba por ser necessária uma equipa de pessoas que tratem e refinem a informação para que esta assuma a forma final com que chega ao leitor. Não queria cometer a injustiça de esquecer as pessoas que direta ou indiretamente contribuíram para este meu terceiro livro. Um agradecimento muito especial à Isabel Gomes, que pegou nas minhas ideias e palavras e as tornou legíveis. Fez um incrível trabalho, mesmo tendo de se dedicar a um tema que anteriormente não dominava.

Gostava também de lembrar os meus leitores e os frequentadores dos meus cursos e seminários. Todos eles contribuíram para mais este trabalho, seja pela inspiração, pelos desafios que vão colocando, pelas ideias que enviam, pelo compromisso para com o seu próprio crescimento pessoal ou pelos casos que apresentam. De lembrar que este livro foi testado e refinado em palco. Sem estas pessoas não haveria razão nem condições para escrever.

Agradeço aos meus mentores, que me ensinaram grande parte do que aqui posso transmitir hoje. O maior de todos, na área financeira, e uma das grandes referências da minha vida é Warren Buffett, com quem pude aprender tudo o que sei sobre governança corporativa e gestão de ativos financeiros. Mas neste livro não posso esquecer outros nomes, como Jim Rohn, pela sua filosofia, Keith Cunningham, pela sua compreensão dos mecanismos financeiros e capacidade de os tornar simples, Robert Kiyosaki, pela forma como estrutura o seu conhecimento sobre finanças pessoais, Tony Robbins, com quem aprendi a planear e a sistematizar o processo, Brad Sugars, pela amizade, *mentoring* e ensinamentos, especialmente na área do imobiliário, George S. Clason, pela sabedoria milenar, David e Tom Gardner, com quem aprendi os primeiros passos no mercado de ações. Todos estes se juntam a uma série de outros nomes que se tornaram referências nesta área e que não posso deixar de mencionar: David Bach, Thomas J. Stanley e William D. Danko, Peter Lynch e Philip Fisher, entre muitos outros.

Por último, a referência, para mim mais importante, à minha família, pela sua paciência, carinho e apoio constantes. Não deve ser fácil ter um pai que, além de ser empresário e passar muito tempo em palco e em viagem, ainda resolve tirar tempo para escrever livros. Sem o apoio incondicional dos meus filhos, Mariana e Gonçalo, nada disto seria possível.

CURSOS MINISTRADOS POR PAULO DE VILHENA

PSICOLOGIA DO SUCESSO EM VENDAS

O modo como se prepara diariamente para as suas vendas e como interage dita os seus resultados! Atinja os seus objetivos aprendendo a psicologia por trás das vendas. Ao participar neste curso, vai tornar-se num campeão da área comercial!

ALTA PRODUTIVIDADE EM VENDAS

As pessoas mais bem-sucedidas focam-se nos resultados e nas soluções e não perdem tempo a "remoer" nos problemas. Nesta formação, aprenda a ultrapassar os desafios e aumente a sua produtividade!

ESTRATÉGIAS DE NEGOCIAÇÃO E VENDAS

Esforça-se imenso, mas não consegue alcançar as suas metas? Então, talvez precise de delinear uma boa estratégia para dar a volta aos resultados. Venha fazer este curso e descubra as melhores ferramentas para se transformar num verdadeiro estratego da negociação!

VENDAS PARA CONSULTORES IMOBILIÁRIOS

Como o próprio nome indica, esta é uma formação dirigida especialmente a pessoas que trabalham em vendas no setor imobiliário. Ao realizar este curso vai munir-se de ferramentas e estratégias para enfrentar os desafios diários que existem especificamente neste ramo, para que possa alcançar mais e melhores resultados!

DIREÇÃO E LIDERANÇA COMERCIAL

Este é um curso altamente vocacionado para o impulso no crescimento de negócios e o incremento dos seus resultados comerciais, preparado a pensar em quem quer atingir a mestria na arte das vendas. Em dois dias de grande imersão irá aprender e aprofundar tudo aquilo que precisa de saber sobre vendas.

De forma essencial, é um espaço para desenvolver planos de trabalho, estudo de técnicas de negociação, e apreensão de conhecimentos relacionados com o processo de influência e dinâmica da relação comercial.

MINIMBA

Este é um curso intensivo e prático, dirigido a todos os profissionais que desempenham, ou irão desempenhar, cargos de gestão nas suas organizações e pretendam desenvolver as suas competências, bem como atualizar ferramentas de gestão de uma forma simples, prática e eficaz. Sem necessidade de conhecimento académico irá, em conjunto com Paulo de Vilhena, ao longo de três dias, refletir, analisar, projetar e tomar todas as decisões estratégicas para fazer crescer a sua empresa.

ACADEMIA DE VENDAS

E se existisse um programa passo a passo para criar as condições necessárias e melhorar os seus resultados de forma consistente ao longo da sua vida, assim como atingir níveis de sucesso que muito provavelmente nunca sonhou serem possíveis?

A boa notícia é que já existe! A Academia de Vendas é um curso 100% *online*, constituído por seis módulos com videoaulas, material de apoio, exercícios disponibilizados ao longo de seis semanas que o ajudarão a levar os seus resultados onde quer chegar!

MAPA DA INDEPENDÊNCIA FINANCEIRA

Elimine (em definitivo) a dívida da sua vida, construa diversas fontes de rendimento e aprenda a investir no mercado imobiliário e de ações. Construa uma base de ativos, que irá gerar um rendimento passivo (de forma automática) e que lhe permitirá ter a reforma com que sempre sonhou com este sistema que qualquer pessoa consegue aplicar. O Mapa da Independência Financeira é um curso 100% *online*, composto por videoaulas, material de apoio, exercícios disponibilizados ao longo de seis semanas, no qual é explicado com detalhe tudo o que precisa de saber para caminhar rumo à sua independência financeira.

PARA SABER MAIS VISITE: paulodevilhena.com

MIF
MAPA DA INDEPENDÊNCIA FINANCEIRA

**Usufrua de 10% de desconto no curso *online*
Mapa da Independência Financeira!**

Saiba como:

Mapa da Independência Financeira é um curso 100% *online*,
composto por videoaulas, disponibilizadas ao longo de seis semanas,
que o pode ajudar a consolidar e a pôr em prática o que acabou
de aprender com este livro.

1. Subscreva-se com o seu *email* em mapaindependenciafinanceira.com
   e seja notificado em primeiro lugar quando abrir uma nova turma;
2. Após reabertura de nova turma, receberá as instruções no seu *email*;
3. No ato da compra utilize o código promocional **MIF2018** e serão
   descontados, automaticamente, os 10% no valor do curso.

NOTA: esta promoção exclusiva só é válida durante o ano de 2018.

Se tiver alguma dúvida ou questão fale connosco pelo
n.º (+ 351) 913 619 540 ou envie um *email* para info@paulodevilhena.com

PAULO DE VILHENA

O LIVRO SECRETO DAS VENDAS

MAPA MENTAL DOS SUPERCOMERCIAIS DESVENDADO

AUTOR
MAIS DE
26 MIL LIVROS
VENDIDOS
BEST-SELLER

paulodevilhena.com

facebook.com/vilhena.paulo

youtube.com/paulodevilhenatv

linkedin.com/in/paulovilhena

www.ingramcontent.com/pod-product-compliance
Lightning Source LLC
Chambersburg PA
CBHW051222200326
41519CB00025B/7216